平凡社新書
859

ルネサンス再入門

複数形の文化

澤井繁男
SAWAI SHIGEO

HEIBONSHA

ルネサンス再入門●目次

まえがき

本書は、ルネサンス期と、それを挟む二つの時代との〈境界〉、それによって明白化されるであろうルネサンス文化の内実を、四章仕立てで考察するのを主眼としている。

序章では〈境界〉を設けることで、どういう功罪が生じるかを、「ルネサンス文化」を四とおりに位置づけて割り出してみる。以下の章では、そこで考察した四つの「史観」（断絶史観・連続史観・過渡期史観・複数主義史観）のなかから、筆者の依拠する「複数主義史観」で各々のテーマについて勘案してみる。第一章の「「術」と「学」」、第二章の説話を検分対象にした「中世からルネサンスへ」、第三章のカンパネッラ（一五六八―一六三九年）の著作を介しての「ルネサンスから近代へ」の都合三章、それに序章も加えての全四章。それらを検証することで「複数主義史観」が意義のあることを提示し、その適切性を立証してみたい。

なお、第二章で言及する「中世末期（ルネサンス草創期）」の説話は、筆者の一方の研究対象であり、他方第三章のカンパネッラ（ルネサンス後期ないし末期の自然魔術・哲学）も筆者の考察領域であることから、期せずして本書で、筆者の二つの研学分野を示すことになる。

本論に入るまえに、一般常識として知っておくべきルネサンス文化の特徴となるものを、思いつくままあげてみよう。便宜上、数字をふっておく。

1　ルネサンス文化は地中海の風土によって育まれたもので、ラテン民族の復興であること。

2　ルネサンス文化運動は都市を中軸とした、大学からではなく在野（例えば、フィレンツェのプラトン・アカデミー、ナポリの自然秘密学院などの知識人のサロン）から起ったものであること。

3　ヘブライズム（神の啓示による正義と愛を基調とするキリスト教精神）のなかに、ヘレニズムの知（人間中心、ギリシア精神）が頻繁に顔を出す文化現象であったこと。

4　天上界（マクロコスモス）と地上界（ミクロコスモス）の照応、感応という理念が信じられていたこと。

5 「頭脳」と「手技」――「知」と「技」の一体化が生じて、経験主義への趨勢《すうせい》が顕著だったこと。例えば、ルネサンス期以前で、「解剖」を担当したのが「理髪外科医」という専門家であって、知識人（教授）はそれを黙ってみていたのだが、レオナルド・ダ・ヴィンチ（一四五一―一五一九年）の例でもわかるように、ひとりの人物が「知」と「技」を用いてメスを握るようになっていった点があげられよう。

6 古い時代や考え、それに制度などをよしとする尚古的な傾向が強くみられたこと。

7 「聖的・来世肯定」ではなく「世俗的・現世肯定」であったこと。

8 戦争が続いた戦乱の世であったこと。

9 宗教的融和が求められて、ひとびとは（宗教上の）平和を切望したこと。

10 一部の上層階級が主導した文化運動であったこと。

思いつくまま、順不同で述べてみた。ただ、ルネサンス文化自体というよりその背景についてもうひとつだけつけ加えるとすれば、この時期オスマン帝国に代表される東方世界と西方世界には断絶がなく、その交流が活況を呈していたということがある。東ローマ帝国の首都コンスタンチノプルを一四五三年に陥落させたオスマン帝国は、自身の領土を横断する西欧商人に税を課していた。こうした状況のなかで、オスマン帝国の領土を経ずしてアフリカからインドへ行こうとの試みがなされた。それによって喜望峰への到達（一四八八年。バルトロメウ・ディアス、一四五〇?―一五〇〇年）や、さらにヴァスコ・ダ・ガマ（一四六〇頃―一五二四年）によるインド航路の発見（一四九八年）に至ったことはまことに僥倖《ぎょうこう》だった。

つまりインド航路の発見が大航海時代の駆動因のひとつとなった。その際、航海をいっそう容易にした、三大発明のひとつ「羅針盤」の発明はきわめて重要である（他の二つの発明は「活版印刷術」と「火薬」）。

そして後述するペトラルカによる三種類の発見や、右記の三つの発明が生じたことで、パラダイムの転換《シフト》が起こった。その最もわかりやすい事例が、天動説と地動説の問題であろう。

コペルニクス（一四七三―一五四三年）、ティコ・ブラーエ（一五四六―一六〇一年）、ガリレオ・ガリレイ（一五六四―一六四二年）、ティコの弟子のケプラー（一五七一―一六三〇年）などの天文学者（兼、一部には占星術師）が活躍した。

太陽中心説を主唱する彼らのまえに立ちはだかったのが、「天球が存在する」という頑《かたくな》な信念（いちばん外側の天球に神の御座所《ござしょ》があるとみなされていた）と、神の創造物は美しいはずだという思い込みに基づいた「惑星が美しい円形状態で回転している」という想念の二点だった。

特に後者にかんしては、「円は美しいものである」と先験的《アプリオリ》に認識されており、すべての惑星が円形の軌道をまわっていることが当然視されていた。

このため、目視でも明らかに円運動をしていない惑星のいびつな軌道を、あくまで円の状態に数学的に是正する必要があった。これを、「現象を救う」と言う。「現実に起こっている事柄」を、円運動という「美」へとむりやり救ってやるわけである。

二つの呪縛（天球の存在、美なるがゆえの円運動）から解き放たれるには、前者がガリレイ、後者はケプラーの登場を待たねばならなかった。

ちなみに、地動説の成果である太陽暦の採用に至ったのは、信仰面では革新的だと想定されたプロテスタントの側ではなく、カトリックのほうが先だった。それは教皇グレゴリウス十三世（在位一五七二―八五年）による改暦成就、いわゆるグレゴリオ暦である（一五八二年）。

プロテスタントたちは、宗教的側面では刷新的行動に出たのに違いないが、こと「暦」の点では、カトリックの改暦に反発して、ユリウス暦を使い続けた（イングランドでは一七五二年の遅きに至るまで）。

パラダイムの転換とは、科学史家トーマス・クーン（一九二二―一九六年）が提唱した、簡単に言えば、一定の価値観がべつの価値観へと移行したことを指す術語である。

科学革命はルネサンス後期から末期にかけて（およそ一五五〇―一六六〇年）起こっている。そしてこの時期そうした新たな息吹を感じさせる文化の胎動とまさに正反対に位置する野蛮な「魔女狩り」という蛮行が、主にアルプス以北の地域を席巻した。

たいていのひとは二種類の「科学革命」を学ぶはずだ。

Scientific Revolution（大文字で単数形）
scientific revolutions（小文字で複数形）

大文字で単数形の「科学革命 Scientific Revolution」は、十六、十七世紀の西欧で起こった、西欧でしか生じ得なかった、人類史上初の画期的出来事を示す。

例えば、ルネサンス期の三大発明と呼ばれる、火薬・羅針盤・活版印刷術をあげてもおおよその説明がつくだろう。「発明」と書いたが、ほんとうは中国やアラブ世界から西欧に伝わってきたモノの「改良」と言ったほうが正確だろう。「火薬」は、いわゆる黒色火薬のことで、これが西欧に伝来した結果、火器に用いられる爆薬と化した。中国では爆薬までには至らず、花火の段階に終わった。どうして中国では火器に用いる爆薬になり得なかったのか、寸時立ち止まって考えてみる価値はあるだろう。以下の二つのケースにも同様なことが言えるはずだ。

「羅針盤」は、その前身である磁針の指北性はアラビア人によって航海に採用されていたが、本式の「羅針盤」はイタリア人でアマルフィ出身のフラヴィオ＝ジョイア（アマルフィの市門の外海に開けた広場の噴水に面して立像がある。ただし海をみつめているわけではない）によるとされている。「活版印刷術」は、中国の木版印刷に端を発しており、三人のドイツ人の共同作業に負っている。一四五〇年代のことだ。グーテンベルク（一三九八―一四六八年）は金属細工師で、その技能のすべてを可動式金属活字の作成に捧げた。その弟子のシェーファー（一四二五―一五〇三年）は能筆の写字生で、その技術を手稿の写字、組版などに傾けて印刷の最終段階である製本までこなした。三人目のフスト（一四〇〇―一四六六年。その娘がシェーファーの妻となる）は実業家で、資金提供者であった。

本格的な科学革命は、もちろんこれらの例ではおさまり切れない数々の内容を含むが、それらは後述したい。

ここで最も著名な科学革命の具体例をあげるとするならば、前述したコペルニクスの『コペルニクス・天球回転論』（一五四三年。高橋憲一訳、みすず書房、一九九三年）であるのは衆目の一致するところであろう。当該書の解読に当たっては、神学的視点からと自然学的観点からの二色《ふたいろ》の視座よりみつめる必要がある。

コペルニクスの最大の功績は地球を惑星の仲間に入れたこと、つまり天文学上の研究対象にしたことで、現在も容認されている、当時判明した惑星の秩序化——水星・金星・地球・火星・木星・土星——といった「太陽系」を確立した点にあった。

しかしコペルニクスの太陽中心説も現代人が知る地動説とは異なっていて、天球の存在を認めており、太陽が宇宙の中心にはあるものの、静止の状態とみなされていた。こうした限界を含んでの偉大な説であって、いまだ中世的残滓《ざんし》を引きずっていた。

他方、トーマス・クーンの場合は、小文字で複数形の「科学革命 scientific revolutions」だ。これはパラダイムの転換として、何度も起こっていると言う。

第一の科学革命——十六、十七世紀。担い手たちはキリスト教とみずからの学問とを関係づけた。

第二の科学革命——十九世紀。個人的な信仰の問題はともかくとして、自分の学問上の成果をキリスト教信仰で正当化しなかった。

したがって、第一の科学革命から第二の科学革命に至るまで、学問と宗教の分離、学問それ自体としての進展と自立、以上の二点が生じた。

以後各章では、これぞ、と強固な印象を与えながらも、とくと吟味すれば完全なる近代（的な知見）には至っていない事柄にも視線を投じるつもりだ。これこそが複数主義的な観点の真骨頂だからである。

序章　歴史の〈境界〉

ここでテーマとする〈境界〉という概念は、長い間、筆者がルネサンス文化の解釈に当たって頭を悩まし続けてきた難題である。いずれのルネサンス研究者にとっても同様だと思われる。

ルネサンス期の文化面での黎明《れいめい》を説明するにはいくつかのやり方がある。本書は文学作品を取りあげているので、まず、ペトラルカ（一三〇四—七四年）か、ボッカッチョ（一三一三—七五年）のいずれかを例として、ルネサンス文化の始まりを解き明かしてゆくという方途がある。前者は詩人（韻文家・近代詩の祖）であり、後者は物語作家（散文家・近代小説の祖）である。わかりやすいのは、後者の主著である『デカメロン』第一日第一話のペストの描写を素材として論じることである。現実直視の散文の威力に負うわけだ。

ボッカッチョは『デカメロン』の第一日第一話を「ペスト襲来による市民の惨事の描写」に当てた。ひとびとのむごたらしい死は、中世来の来世肯定の死生観を蹴飛ばしてしまうものだった。この惨状のまえでは神の降臨や救済など想定出来ない、来世頼みから現世肯定へと読み手の視線を捻じ曲げてしまうほどのものだった。そこまで描くか、といった鋭利なタッチで活写し切ったこの酸鼻な現実こそが「真の現実」であり、ここではもうこれまでの価値観が転倒してしまっている（つまり「まえがき」で述べた「パラダイムの転換（パラダイム・シフト）」が生じたわけだ）。そのことをボッカッチョは描写で暗示した。

このさかさまの世界こそが真実であるとし、ボッカッチョはそれを前提としてエロ、グロ、ナンセンスという文言でくくられる世相を描く地盤を得た。きわめて意識的な手法に則《のっと》った描写であった。

ペトラルカの場合は、彼があくまで詩人だった事実が、ボッカッチョとは異なる道を歩ませることになった。彼は「桂冠詩人」として西欧中に名が知られており、彼の発言や書簡のかたちで発表された思念がメッセージ性をたぶんに帯びていて当時のひとたちを鼓舞したこと、その糧《かて》を彼が異教の古代ローマの文献に拠っていたこと、それに人類史上画期的な発見——後述する、「歴史（意識）」、「風景」、「内面」の発見——を果たしたことを読者諸賢はきちんと押さえておく必要がある。とりわけ、「歴史（意識）」の発見によって、古代と自分のたたずむ当代（現代）を明確に認識して（あいだの時代を、中世＝暗黒とみなして）、未来に向かって一歩を踏み出さんと意図した。これは「時代区分」という観点からみて肝要なことである。彼はみずからの営養を古代とキリスト教の二つの大いなる文化から得て、「キリスト教的人文主義」を主唱し、古代ローマの文献の発掘に尽力した。みずからも人文主義者として、その衣鉢《いはつ》を継ぐ弟子たち（コルッチョ・サルターティ、レオナルド・ブルーニ、ポッジョ・ブラッチョリーニ——いずれもフィレンツェ共和国において政治文化面で大きな業績を遺した）を輩出した。これこそ、まさに当時の多くの知識人たちに精神的な感化を及ぼしたわけで、「古典文芸の復興」の意味で、「ルネサンス人」と言っても過言ではない。

彼はひとびとに生きる指針を示し、また、「ローマ」という土地を、古代ローマ帝国の首府、キリスト教の聖地として顕彰することで、人文主義の研究の場と神の探究の地としての中核の地とした（このように、ある土地が一定の意味を帯びた場合、その場所を「トポス」と呼ぶ。ここではローマがトポスである）。書簡の書き手の名手でもあった彼は、とりわけ古代ローマの政治家・雄弁家のキケロ（前一〇六—前四三年）に向けてひたすら書信をしたためた。

ペトラルカはあらゆる学知のなかでも道徳哲学を尊び、総合知としての「人間学」を設けて諸々の学問間の垣根を取り払った。彼は新規な案件を打ち出し、それらで時代を牽引しながら文字どおりキリスト教的人文主義者として生き抜いた。

これらの大業のすべてが百科全書的で脱領域的な志向性を持っており、ルネサンス文化の曙光を象徴するものであった。裏を返せば、こうした学的姿勢がルネサンス文化の特色なのである。

ルネサンス文化の始原を説明する仕方には、そのほかに、後世の文化史家の著作を材料にその文化史家の説を紹介してゆくという手立てがある。これはその史家によって整理されているのでわかりやすい。本書でもこの文化史家たちのルネサンス論に寄りかかりながら筆を進めていくが、そうすることでいかに〈境界〉をテーマに据えることが難題であるかわかってくるはずである。

そこで序章で考えてゆく内容は、もっぱら〈境界〉という術語の孕《はら》む内実である。第1節では旧《ふる》いがつねに新しい題目であるルネサンスという時期の「時代区分」をいま一度、四つの視点から探ってみる。取りあげるのは、「断絶史観」、「連続（継続）史観」、「過渡期史観」、「複数主義史観」である。筆者が支持するのはもっぱら、「まえがき」でも記した、四つ目の「複数主義史観」である。この史観に至るまでの説明を第1節で順番に行なう。

第2節では四つの史観にともないながら展開したルネサンス観の変遷について。第3節では、〈境界〉とともにある事実上のルネサンス文化の担い手たちに登場してもらう。

1、2、3節をとおして、ルネサンス文化の〈境界〉にたいする三つの観点からの取り組みが、「文化」を考える種々のあり方の「徴《しるし》」となっていることを把握されよう。

そうした過程を踏むことによってひとびと（特に、歴史家たち）は、「歴史研究が歴史家の価値観、視座、そして偏見から決して解き放たれないものであって、それどころか、それこそが、歴史を人間的にして、生命を与える一助になるのである」（W・J・バウズマ）ことをうかがい知ることにもなる。

1　時代区分

断絶史観——ブルクハルト

一般的に「ルネサンス文化運動」という概念把握の始まりは、スイスのヤーコプ・ブルクハルト（一八一八—九七年）著『イタリア・ルネサンスの文化』（一八六〇年）の出版によってだと考えられている（柴田治三郎訳、中央公論社『世界の名著』一九六六年／中公文庫、上・下、一九七四年／中公クラシックス、Ⅰ・Ⅱ、二〇〇二年。新井靖一訳、筑摩書房、二〇〇七年）。しかし、多少とも突っ込んでブルクハルトの執筆の動機について調べてみると、フランスの歴史家ジュール・ミシュレ（一七九八—一八七四年）著『フランス史』（一八五五年）の第七巻に「ルネサンス」なる一章が設けられていて、「世界の発見」、「人間の発見」という有名な命題が述べられている（大野一道・立川孝一監修、藤原書店、二〇一〇年）。

ブルクハルトはこの「忘れがたい銘句を敷延《ふえん》して偉大な書物に仕立てた」（ファーガソン）のだった。

ミシュレはこう書いている――十六世紀は、充全に筋目正しく拡張せんと、コロンブスからコペルニクス、コペルニクスからガリレイまで、つまり地球の発見から天上界の発見に至るまで駆け抜けている。これこそ人間が人間を発見したのである、と。

もう少し具体的にこのミシュレの文言を解釈してみよう。これは地上界と天上界について語っている。つまり、コロンブスの新大陸の発見（一四九二年）が大航海時代（地理上の発見）の先駆となり、十六世紀に入ると、マジェランが世界一周の船旅に出る（一五一九―二二年）。それによって地球が丸いことがわかると、ミシュレの視線は天上界（宇宙）へと向けられる。コペルニクスの『天球回転論』（一五四三年）によって地動説（太陽中心説、一五四三年）が登場して、太陽系が秩序立てて論じられる。そして望遠鏡を用いたガリレイによる宇宙のさまざまな現象の発見へとつながっていく（『星界の報告』、一六一〇年。伊藤和行訳、講談社学術文庫、二〇一七年）というわけだ。

ブルクハルトはこれに飛びついたのであるが、しかしここで「人間の発見」とされたルネサンス期が、ある種の黄金の時代と思われがちになり、そのまえの中世が「暗黒の時代」とみなされることとなった。この場合の「暗黒時代」とは、西ローマ帝国の崩壊（四七六年）に続く九世紀ないし十世紀に及ぶ定義不明確な時代を指す。その暗黒時代の中世の掉尾《とうび》にルネサンス期が接続する。

しかしながらこう考えることは、ルネサンスを近代の始まりと決めてかかることに等しくなり、まるでルネサンスが、科学の誕生、専制政治からの個人の解放、効率的な政府の発生、それに国家や社会の世俗化、即ちありとあらゆる現世肯定、あるいは、人間が現に暮らしているこの世俗社会の重視、と同意語になってしまう恐れがある。

ブルクハルトの当該書はこのような危険性を孕《はら》んだ書となった、いや、された。

ブルクハルトは、十五、十六世紀のイタリア・ルネサンスを西欧文明史のなかでの重大な転換期とみた。彼は言う――中世の間、人間の意識は共通のヴェールのもとで眠りについていているか半覚醒の状態にあったが、イタリアではこのヴェールが最初に空気中に溶けて、国家や現世のあらゆる事物を、客観的に扱って考察することが可能となった、と。これは文化だけが「中世の現実離れした枷《かせ》から」解放されたのみならず、時代も「個性の完全化」を完成させた。つまり、聖的な思考が尊ばれていた世界から、地上的な、地に足をつけた世界への移行であった。

「ルネサンス」の原義は「再生」である。イタリア・ルネサンスは古代の再生（復活）のみならず、古代ローマ時代に西洋世界を征服し得たイタリア人の天才との再結合でもあった。もっと細かく言えば、ラテン民族の復興でもあった（E・ガレン）。それは、古代ローマ時代を担った地中海地域の文化の復興を指している。

そうした輝かしい一面、一方で『イタリア・ルネサンスの文化』を注意深く読めば、ブルクハルトが、君主や傭兵《ようへい》隊長、暗殺、極悪非道な陰謀、感情露《あら》わな犯罪にも目配りを怠ってはいないこと、そしてじつは、それについては自己の十九世紀的倫理観でむしろ狼狽さえしていることがわかる。彼はイタリア・ルネサンスを、本質的に精神上キリスト教に対峙する「異教」的文化と解釈し、時代の悪徳を無視も擁護もせずに、その時代に生きかつ活躍した有能な人物のことを褒《ほ》め称《たた》えた。そして、その種の悪徳は、自由な社会の出現にはつきものであって、思春期につきまとう苦渋に該当する、と述べたのである。

さらに、卓越した思考回路を持つこの文化史家は、ルネサンス期と、みずからの生きる十九世紀とにあれこれ想いを巡らせている。十九世紀の人間も、ルネサンス文化の特徴のひとつである、事実に基づく知識の進歩や客観的探究の修練を蓄積している。それにもかかわらず、「神へ回帰」するに至る道が、依然としてはっきりしない、とこの文化史家はこぼしている。

近代世界の濫觴《らんしょう》

こうして、ブルクハルトの著書を注意深く読めば、それがルネサンスの礼賛というわけでないことがわかってくるが、魅力に満ちあふれる「ルネサンス期」の存在は多くの著述家たちに影響を与えた。みなルネサンスの栄光だけを賛美して理想化したのだった。

その代表格は七巻本の大著『イタリアのルネサンス』（一八八八年）の著者、ジョン・アディングトン・シモンズ（一八四〇―九三年）である。彼はブルクハルトよりさらにルネサンスと中世の断絶の具現化に努め、ルネサンスを「近代世界の濫觴」と位置づけた（ルネサンス近代史観）。シモンズは主張する。

〔ルネサンスは〕あれやこれやの特徴で説明されるのではなくて、ついに時機が到来し、その前進のなかにいまもなお身を置かれている人間的努力として受け入れるべき自然運動だと思われる。ルネサンスの歴史は……西欧の民族に顕著な人間精神が、自意識を持った自由を獲得する歴史である。……そこで生み出された力は近代世界の精神のなかで、生き生きとしてかつゆったりと、そのまま留まっているのである。

加えて、「イタリアがルネサンス期に主導権を握ったのは、他の諸国がいぜんとして半ば野蛮状態のときに、イタリアは言語の標準化を、好適な風土を、政治的自由と商業的繁栄を得ていたからである」（傍点引用者）とシモンズは述べる。つまり、イタリアはアルプス以北の国々とは一線を画し、ルネサンス文化を独自に築き上げて、その域内で盛行を誇ったのだ。その意味で他の文化とは独立していた——という観点からは「時系列の断続」のみならず「地理的要素」の断続構造が一瞥《いちべつ》されよう。

この文中では、引用者が傍点をふった。最後の「商業的繁栄」という語が的を射ている。貨幣経済が半島内（特に北イタリアの諸都市国家）になべて行きわたっていたことを指しており、商人、つまり市民階層が活躍していた。アルプス以北の国々では、貨幣経済はようやく浸透し始めていたばかりだった。したがって、この視座からもルネサンスが近代の曙光と言えよう。

シモンズは、ルネサンスに中世の文化や秩序に負うところがある、とはいっさい認めなかった。こうしてシモンズはルネサンス期を崇拝するあまり、ルネサンスは地獄や牢獄からの理性の解放であり、外部の世界（自然）と内部の世界（内面）の二重の発見なのであって、合理的で人間中心の時期であり、非合理な世界は放逐された、と主張した。しかし、こうした捉え方は、ルネサンスをひとつの時期として「静的」にみなすこととなって、歴史の持つダイナミックさに欠けることとなった。

連続（継続）史観

二十世紀になって、ブルクハルトやシモンズに対抗するかたちで、ルネサンスを中世の最終段階とみなす、中世史家たちの見解が広まった。そこでは、中世とは教会や宗教に束縛された時代だ、という認識が払拭《ふっしょく》されている。そして、仮にルネサンスの主要な特徴が近代の礎《いしずえ》となっているのなら、それらの起源は十二、十三世紀にさかのぼって発見される、と主張された。

時代区分の修正家の代表的著作は、チャールズ・ホーマー・ハスキンズ（一八七〇—一九三七年）著『十二世紀ルネサンス』である（一九二七年。野口洋二訳、創文社、一九八五年。別宮貞徳・朝倉文市訳、みすず書房、一九八九年）。誤解しては困るが、ハスキンズはイタリア・ルネサンスの価値を低くみているのではないし、人文主義者の生き方が主として古典ラテンの著作家への関心に刺激された、という推定を無視しているわけではない。以上のことを認めつつ、ハスキンズは、もう一方で、十二世紀の西欧にラテン古典についての広範な知識と理解が存在した事実を見出したというのである。

十二世紀に古典が文学として享受され、生きる姿勢に有益な感化をもたらしたという事例として、ハスキンズはソールズベリーのジョン（一一八〇年没）をあげている。ハスキンズによれば、ジョンは、古代ローマのキケロ的伝統を、聖書やラテン散文にかんしての豊富な知識と融合させ、「均斉のとれたキリスト教的人文主義」を生み出した、という。

　また快楽的で軽妙な詩を書くオウィディウス（前四三―後一七年）の大衆性にハスキンズは着目し、十二世紀を偉大な時代、おそらく宗教詩のなかでの絶頂期であると解釈した。十二世紀の知的刺激に満ちた出来事が未整理のままであるものの、中世・ルネサンスと十五世紀《クワットロチェント》には全く断絶が生じ得ないとして、「中世・ルネサンス連続説（史観）」を提唱した。

ホイジンガ――ミシュレ、ブルクハルトを継承して

　さらに、中世・ルネサンス連続史観の研究者としてオランダの文化史家、ヨハン・ホイジンガ（一八七二―一九四五年）を忘れてはならない。主著は『中世の秋』（一九一九年）である（兼岩正夫・里見元一郎訳、創文社、一九五八年／角川文庫、上・下、一九七六年。堀越孝一訳、中央公論『世界の名著』、一九六七年／中公文庫、一九七六年／中公クラシックス、Ⅰ・Ⅱ、二〇〇一年）。ホイジンガは、ブルクハルトが十五、十六世紀のイタリアの文化を凝視したのとは違って、十四、十五世紀のフランドル地方（今日のベルギー王国領に相当）やブ

ルゴーニュ公国（中世フランスの東辺の領邦）の文化に目を向けた。この場合の「秋」とは「稔《みの》り」よりも「衰退」のニュアンスが当てはまる。ホイジンガは前述の地域の「中世文化」を素描タッチで見事に描き上げた。

ここでは翻《ひるがえ》って、ミシュレとブルクハルトとホイジンガの三者のルネサンス観を比較検討してみることにしよう。

この三名は、ミシュレの流れをくむブルクハルト、ブルクハルトと対立関係にあるホイジンガとして頻繁に取り沙汰されてきた。しかし、少し三人の思潮を整理してみると、その構図がかなりゆがんでいることがわかる。

繰り返すが、ミシュレこそが「ルネサンス（再生）」という概念の生みの親であり、ブルクハルトはその後継者である。

ミシュレはフランス人、ブルクハルトはスイス人で、二人とも十九世紀の人物。ホイジンガはオランダ人で、二十世紀前半の、政治的にはナチス台頭期を生きた文化史家である。

ミシュレは浩瀚《こうかん》な『フランス史』の第七巻を「ルネサンス」と題して出版した（一八五五年）。彼は進歩的共和主義者で、旧態依然とした教会や貴族階級を批判し、一世紀ほどまえのフランス革命の、自由・平等・友愛・理性尊重・民主主義を尊崇した。彼にとってのルネサンスとは、そうした精神模様の鑑《かがみ》であり、理性と真理と芸術と美に代表される文化現象であって、中世と袂《たもと》を分かつ近代世界の顕われでもあった。そして彼はそれを十六世紀のフランスに求めた。愛国の思いが強かった彼は、専制政治から解かれた自由の精神と人間の尊重を第一義とする「近代世界」の誕生をここに探し当てたのである。

それから五年後、ブルクハルトが大著『イタリア・ルネサンスの文化』を上梓した。彼は、ミシュレと異なって、ルネサンスを十五世紀のイタリア的現象と定義した。特に、十五世紀後半のイタリアに、人間性の尊重や人格形成での人間性の涵養《かんよう》という点で近代的個性が生まれたと考え、ここに、古典古代の復権、新世界の発見、膠着《こうちゃく》した宗教への不安を見出し、人間は精神面で「個」であると主唱した。そして中世には「個」がなかったことと比較して、個性の目覚めへと論を進めていった。こうして上述したように、十五世紀のイタリアが「ルネサンス」——近代西欧の息子たちのなかの長子と定義された（「長子」とはむろん象徴的な意味で先駆者を指す）。ブルクハルト自身は教養豊かな貴族的人間だったが、プロテスタントであり、スイスが共和主義的個人主義国であるのを誇りに思っていた。

この点、二人のルネサンス観は一個人（ひとりの人間）が抱く、個からの歴史認識を基本としていた。つまり、ルネサンスを時代区分の素材とはみなさず、あくまで自己の生きた十九世紀の精神を映し出す鏡として認識したのである。

それにたいして、「秋」をテーマとした書を著わしたホイジンガはどうだったか。例えば、ホイジンガの見解は、ブルクハルト説のアンチテーゼだと解釈されるが、ほんとうにそうだろうか。じつはそれどころか、ブルクハルト的ルネサンスとつながっている多数の現象の説明に役立ってくれているのである。こうした立場に立つ研究者にとっては、ブルクハルトとホイジンガの両者の説は、対立ではなく、あえて言えば補完の関係にある、と考えられよう。

ブルクハルトは、イタリア人が「個人」を発見し、国民意識を高揚させ、古代への眼差しを深めて古典古代の文化を見出した点で、北方の諸国と対比し、イタリア・ルネサンスの優位を雄弁に語った。これに較べて、ホイジンガはルネサンス文化の多元的理解を基本としており、べつにブルクハルトの構想に反対していたわけではない。主著『中世の秋』では、中世末期の北フランス、ブルゴーニュ、フランドルなどの文化を、死滅しつつある中世文化の典型的な衰退の姿とみて、熟達した素描家さながらに、当時のひとびとの生活や精神のありようを描いた。

アルプスの南のルネサンスの「春」にたいして、北方の中世の「秋」は、一世紀の差はありながらも内容的には同時に存在し得ると考えれば矛盾しない。「春」と「秋」という表現に差異があるにもかかわらず、いずれの説も一時代を画した

「文化現象」を語っており、これに鑑《かんが》みると、ブルクハルトとホイジンガは対立どころか密接につながっていることがみえてくる。

さて、管見によれば、昨今の日本でこの「断絶・連続（継続）」問題を取りあげた文書は、西洋中世学会の学会誌である『西洋中世研究』（第六号、知泉書館、二〇一四年）の「特集・中世とルネサンス――継続／断絶」しか見当たらない。その序文で富山大学の徳橋曜教授（イタリア中世史）がいみじくも次のようにまとめている。――「ルネサンス」という概念は個々の分野で使用されているが、その主意は拡散の状態に置かれている。ルネサンス期のひとびとの意識が新奇に満ちたものであっても、その背景となった社会や風潮の解釈は現代人にとってさまざまである。そして、各種の知的領域の術語の使用法や概念の差異、それに地域性を考慮すれば、「ルネサンス」についての概略的認識はまとまり得ない、と。

つまり、二つの史観ではルネサンス問題を単純に扱い切れないのである。即ち、「断絶」、「連続」といった二色の方法では、回答が出ない面があるからである。どの時代の文化もそうだと推察されるが、とりわけルネサンスの場合、〈境界〉という視点からの議論が開始されると、ルネサンス文化本来の姿を見失う恐れがある。

そこで、これから掲げる二つの史観に注目してほしい。

過渡期史観

『ルネサンス観の歴史』(『歴史的思惟におけるルネサンス』、一九四八年)という浩瀚な書物で有名なウォーレス・ファーガソン(一九〇二—八三年)は、カナダ南部のオンタリオ州生まれのカナダ人の研究者である。ウエスタン・オンタリオ大学の歴史学教授を務めた。当該書はたいていのルネサンス研究者がひもといて一度は目をとおしているはずの文献(邦訳なし)である。この後の氏の研究も、この著書の方向に沿って行われた。ここでは、旧《ふる》くてもいまだに、そして今後も新しいテーマであり続けると思える「時代区分」の問題を、氏にならって断絶史観、連続史観とも異なる視点で扱おう。

ファーガソンの場合は、ルネサンスを、中世と近代のあいだの「ある特別な過渡期」とみなしている。

ファーガソンの論考のひとつである「近代国家に向けて」(拙訳『ルネサンス——六つの論考』所収、国文社、二〇一三年)で氏は「ルネサンスという時代も、成熟した中世文明から近代世界へと移ろってゆく時期としての特徴を持っている」と述べ、後年の論考ではイタリア以外の各国のルネサンス文化を活写しつつ、各国の兵器、税制、それに専制政治の体制へと論を展開してみせる。そして十六世紀のイタリアが外部から侵略されたり支配下に置かれたりしたにもかかわらず、イタリア人は一致団結出来ず、傭兵頼みの態《てい》たらくで戦闘の気概を持ち得なかった民族として描いている。ファーガソンはルネサンスの文化繚乱《りょうらん》という時期での政治や軍事のありようを暴露して、ルネサンス文化現象への取り組みが一筋縄ではいかぬことを示した、複眼的な目を持つ歴史家だった。

この史観には賛同者が多いけれど、多少なりとも考えを深めてみれば、過渡期でない歴史など存在しない、ということがみえてくる。歴史とは、諸々の事象が通り過ぎてゆくすべてが過渡期だからである。この論点に立てば、ルネサンス期も過渡期であり、その時期にあえて名を付す手間も省ける。

それで現今の歴史学では、ルネサンス期は存在せず中世末期とされ、そのなかで十七世紀の前葉は「近　世《アーリー・モダン》（初期近代）」と呼ばれているくらいだ。もう「ルネサンス時代」という用語は歴史学からほぼ消えてしまっている。結局、過渡期史観の要路を歴史学者がきちんと追ったことになろうか。

ガレンと並ぶルネサンス研究（特に異端）の大家デリオ・カンティモーリ（一九〇四―六六年。その弟子が、民俗学者のカルロ・ギンズブルグ）は、極論的な見解を述べている。ルネサンスは美術史の分野では具体的（年代的）に定義される、と客観的に記したあと、「中世は年代決定によってひとつの観念または範疇《はんちゅう》になったが、ルネサンスとは自身の年代決定を見出せなかったと思われるひとつの観念または範疇なのである」と。これは、古代と近代が決まったあとに、そのあいだの時代として成立した呼称である「中世」のありようを示唆している。そして続けて、「抽象的には〈中世〉が存在しないように、抽象的に〈ルネサンス〉も存在しないのである。しかし、論を進めれば、古典古代も、先史時代も存在せず、存在するのはただざまざまに分岐した〈人間の歴史の連続〉だけである。そして、唯一の中断は、キリストの啓示なのである」と（デリオ・カンティモーリ『ルネサンスの時代区分』、小林満・澤井繁男共訳、『ルネサンス探求』二号、幻想社、一九八五年）。

ここまで言い切られると、キリスト教徒でない筆者には二の句がつげないが、そのままの〈人間の歴史の連続〉のほうを押さえてさえおけばよいだろう。

複数主義史観

ルネサンス期を「ある特別な過渡期」とみなしたファーガソンは、論考「ルネサンスの再解釈」（一九五七年）ではこの時期を「転換期」と解釈し直しており、多少ニュアンスを変えている。ファーガソンの「過渡期」から「転換期」へという変化では、「過渡期」を熟慮した場合に、研究の深化ゆえにおそらく「転換期」へと必然的に視点が移ったに違いあるまい。

つまり、これはルネサンスのなかに中世的要素と近代的要素の二つを看取するという「複数主義的立場」を指すと考えられる。中世と近代の諸要素がそれぞれ独立かつ共存して対立・対照をみせながらも生命力を兼ね備えている、そういう共生の時代、それがルネサンス期となるのだろう。ルネサンスの特殊な性格として、ルネサンス自体のなかに中世的要素と近代的要素が不安定のまま共存しており、諸制度や思考方法も、一方には、腐敗したり衰弱したりしている中世来のものが、他方には、いまだ万全にはなっていない新たなものが安定性を欠いて共生をしていた、という意味である。この見解は、暗くて恐ろしい時代（中世）と新しい幸福で輝かしい時代（近代）を対照させる考え方はルネサンスそれ自体にある、という点では、これを喝破した、上掲のカンティモーリと同じである。となれば、過渡期史観と複数主義史観とが同一に映るかもしれないが、前者が歴史を留まることを知らない一定の流れに乗っているとみるのに反し、後者はそこに異種の文化の共存・共生を考えるという点で異なってくる。複数の文化の共生を顕わしている、ルネサンス期の文献を読めば一目瞭然だ。

最もふさわしい書として、ジローラモ・カルダーノ（一五〇一―七六年）著『カルダーノ自伝』（清瀬卓・澤井繁男訳。海鳴社、一九八〇年／平凡社ライブラリー、一九九五年）の一読をお勧めする。カルダーノは三次方程式の解法を公表した卓越した数学者であり、尿と梅毒の研究に精通した出色の医師でもあった。こうした科学者の面を持つ一方で、彼は守護霊を信じたり、占星術に打ち込んだりした。旧い時代と新しい時代の文化的要素を一身に兼ね備えた稀有な人物だった。ちなみに、筆者のルネサンス研究は、『カルダーノ自伝』の翻訳から始まった。この二面性を客観的視座（科学者の視点）で淡々と記した奇妙な自伝に、目から鱗の衝撃を覚えたものである。

汎神論的な視点を抱いた自然魔術師カルダーノと自然哲学者ガリレイを比較してみると、「魔術の知」と「数学的知」の相違が歴然としている。カルダーノ曰く、「人間にとってこの上ない歓びと幸福とは天の深い秘密を知ること、自然の奥底にある神秘、神的精神、世界秩序を探し当てることにある」（傍点引用者）。彼は、自然のなかの隠されたもの（秘密）まで探ることを述べている。その秘密とは「霊魂（いのち）」の謂いであり、自然を客体視しながらも、究極的には自然を「生きモノ」と捉えるアニミズムの、自然界に価値を見出す自然観である。

他方、ガリレイは、「自然は数学の言葉で書かれている」として、自然を、質ではなく量で計ることの出来る没価値で即物的な「モノ」と考えている。カルダーノをはじめとして自然魔術師は、ガリレイと同じく自然を客観的にあるがままにみつめようとしたが、自然魔術師が自然を「質、生きもののとしてのモノ」とみ、ガリレイら自然学者が「量、即物的なものとしてのモノ」とみなした点で、両者の立場は乖離《かいり》することになる。もちろん、ガリレイのほうが近代自然科学の礎となったことは言うまでもない。

自然を「あるがままにみつめる」という地点までカルダーノもガリレイも一致したが、自然を「質」と「量」で把握する時点で両者は袂《たもと》を分かつ。また、前者は自然を人間と調和する対象とみなしたが、後者は自然を人間が支配し管理する対象と見据えた。自然魔術師たちは「あるがままにみた」自然の奥深くに「霊魂（いのち）」を探ろうという姿勢を露わにした。こうした諸要素が共生する時代としてルネサンスを捉えるのが複数主義史観である。

「歴史の発見」とルネサンス

ルネサンスという一時期があったとすれば、その自己証明《アイデンティティ》を打ち立て続けてゆくためには、前代「中世」を暗黒として批難する必要があった。それゆえに誰かがルネサンス（新たな一歩）という概念を案出しなくてはならなかった。つまり、自分の「いま」を「まえ」と訣別させることだ。したがってそれはルネサンス期自体をさかのぼる。だからこそ、ペトラルカによる歴史意識——「歴史の発見」が必要だったのである。それは、現在の自分と過去の自分と未来の自分を凝視する視点の獲得であって、そしてそれはこのように、人類史上、意外と新しい出来事であった。つまりペトラルカが〈境界〉を見出して、従来の年代記執筆を越える、歴史観をともなった「歴史叙述」の発見者となったわけなのである。

イタリアでは、ルネサンスを指す「リナシタ」という言葉は十四世紀からみられた（一三七〇年頃に生まれ、一四四四年に没したレオナルド・ブルーニの『回顧録』のなかに、十四世紀を生きたペトラルカの著作に「再生」の光をみた、と書かれている）が、それを最終的に発見・確立したのは、ジョルジョ・ヴァザーリ（一五一一―七四年）で、彼の著書『最も優れたイタリアの建築家・画家・彫刻家たちの生涯。チマブエから今日に至るまで』（略称『ルネサンス芸術家列伝』）によってであった（邦訳は、これまで抄訳・分冊で刊行されていたが、全訳版として、『美術家列伝』全六巻、中央公論美術出版があり、二〇一四年二月から年一冊のペースで出版されている）。しかしヴァザーリの名著は美術史の面だけで有効な考察でしかなかった。

ペトラルカの「歴史（意識）の発見」によってルネサンスはひとつの時代としてアイデンティティを持った。それによると、諸文化の共生のなかにいながら、前代を否定して断絶を主張する傾向があった。後代の歴史家のルネサンス理解もそこから出発したが、その反動として「中世―ルネサンス期」の連即性が語られた。これにたいして複数主義史観は、断続・連続と、その両方の様相を認めながらも、そうした諸要素の共存する特殊な一時期として捉えようとしているのである。

エラスムス――北方ルネサンスの王者

これまでイタリア・ルネサンスを中心にみてきたが、盛期ルネサンス（十五世紀半ば以降）を迎えたとき、イタリアの文化が西欧各地に伝播《でんぱ》することになる。そのなかで北方ルネサンスの王者と称されるロッテルダムのエラスムス（一四六六?―一五三六年）に光を当ててみたい。

それはほかでもない、オランダ人であるこのエラスムスという人物の生きた時代にはかの「宗教改革」が勃発しているからだ。エラスムスはれっきとした人文主義者で、同時に腐敗したローマ教会の浄化を主唱した人物でもあった。ここに彼に登場してもらうわけがある。

インドロ・モンタネッリ（一九〇九―二〇〇一年）他著『ルネサンスの歴史』（藤沢道郎訳、中公文庫、下巻、一九八五年）によると、この人物はいまふうに言えばジャーナリストだった。後世の研究者がいずれの枠内に位置づけるのが有効か、と問いかけるのに恰好の人物だ。代表作に『痴愚神礼讃』（渡辺一夫訳、一九五四年、岩波文庫。渡辺一夫・二宮敬訳、中公クラシックス、二〇〇六年。沓掛良彦訳「ラテン語原典訳」、中央文庫、二〇一四年）があり、

『ユートピア』（平井正穂訳、岩波文庫、一九五八年。澤田昭夫訳、中公文庫、改訂版、一九九三年）を著わしたトマス・モアの親友（沓掛良彦・高田康成共訳『エラスムス＝トマス・モア往復書簡集』、岩波文庫、二〇一五年）でもあった。

ルネサンス文化を大枠で統括していたキリスト教徒（カトリック信者）と対立するプロテスタント誕生の素地をしつらえた人文主義者として位置づけられるエラスムスだが、同時代の宗教改革者ルター（一四八三―一五四六年）などはみずからを人文主義者だとは認めていない。

この点、時代背景が違うペトラルカやボッカッチョ、それに時代がかぶさるカルダーノとも異なって、エラスムスには扱いづらい面がある。後述するが、ルネサンスと宗教改革との位置関係は複雑多岐にわたっていて容易に回答は出てこない。その草創期を生きたエラスムスは、メディチ家出身の人文主義的な教皇レオ十世（一四七五―一五二一年）の庇《ひ》護《ご》を受けた。そういう立ち位置でありながら、ローマ教会の浄化・革新を訴えた。彼は一日に四十通もの書信を書くほどの手紙魔で、当時の著名人宛てにひたすら書き綴った。謹厳実直な人物とみなされがちだが、なんのことはない、自分を知ってもらいたいという欲のせいだ、と述べる研究者もいる。

エラスムスは、「もったいぶった儀礼、聖職の誓い、教皇のいかめしい威厳など……一部の人間が命令して、蒙昧《もうまい》主義的圧制を信徒に押しつけるのは」「キリスト教の本来の姿だろうか」（『マタイ伝註釈』）と疑問を呈している。要するに福音の教えにしたがって治めるべきではないのか、ということだ。これはすでにルターの説のほうに踏み込んでいる。それゆえに、神学無用論、教会のイデオロギーの否定だとみなされて批難を浴びた。教会を批判する者はどの時代でもいたが、難詰者《なんきつしゃ》と教会側とのあいだには暗黙の了解があり、その関係は牧歌的安寧が保たれていた。しかし、それがもう通用しない時代になってきていた。

エラスムスはその点、両義的立場にみずからを置かざるを得なかった。レオ十世の保護下の著名な人文主義者でありながら教会のあり方を論難した。民衆の不満を鋭敏な嗅覚で捉えて「文章」に仕立てた。本人は「論考」と思っていたかもしれないが、その筆鋒はジャーナリストのそれであり、卓越した「記事」の書き手だった。

同時代のルターがレオ十世の勅令で出まわった「免罪符」に怒って、一五一七年『九十五箇条の提題（論題）』を掲げた際、エラスムスがこの論争に首を突っ込んだのは、「成功欲」のためで信心のせいではなかったとも言われている。それゆえにルターの一派が言論闘争から宗教戦争にことを一変させたとき、二股《ふたまた》をかけていたエラスムスは身の置きどころに苦慮せざるを得なかった。宗教の問題を誠心誠意自分の問題として受け止めていたならこうはならなかっただろう。というより、旧教と芽吹いたばかりの新教とに両足をかけたがために、にっちもさっちもいかなくなったのだ。

しかし通説では、「エラスムスが産んだ卵をルターがかえした」と言われている。

異教のラテン文化とキリスト教の融合であるキリスト教的人文主義、ギリシア文化との混淆《こんこう》である異教的人文主義という、両義的な折衷《せっちゅう》の二つの主張は宗教改革をまえにして行き場を失うことになる。いや、人文主義者と宗教改革者はまったく相容れない存在だ、と表現したほうが的を射ているに違いない。宗教改革者は人文主義者から人文主義という垢をこそぎおとそうとしたのだった。

だが、観点を変えると、この板挟みの苦境に陥《おちい》ったからこそ、エラスムスが複数主義史観の申し子となったことがわかる。よもや一義的人物には思えず、「時代」がエラスムスをそのような人物に仕立て上げたのだろう。ここに第一級の人文主義者であり、教会刷新者でもあったが、結句、どっちつかずの、進退窮まった人物像が目に浮かぶ。

カルダーノにもこれに似た一面があって、「主義主張による時代区分」としての「複数主義」を体現した偉人たちに「両義性」のメスを入れると、そのほころびが露呈して、つくづく「区分」というものが持つ功罪がみえてくる。「時代」をはじめとして「人物」をも含む「仕分け」の難しさ、もしくは醍醐味がうかがえる。

2　ルネサンス観の変遷

ペトラルカ――歴史・風景・内面の発見

ここで、後代の歴史家の捉え方以前に、この時期を生きたひとたちが当時その時代をどうみなしていたか振り返ってみたい。

フィレンツェの画家、建築家でもあったジョルジョ・ヴァザーリが『ルネサンス芸術家列伝』（一五五〇年）で、「再生」のイタリア語 rinascità（リナシタ）を初期人文主義者の文書に見出した著述家であったことはすでに述べた。だが、第1節でも記したように、それはあくまで美術史上でのことだった。美術史でのルネサンスはこうして存在の意義を勝ち取った。

他方、桂冠詩人でもあったペトラルカは、古典ラテンの著述家たちに熱烈なエールを送り、「学術の復興」を主唱して、「人文主義の父」と呼ばれた。この呼称にペトラルカはまんざらでもなかっただろう（ペトラルカの邦訳作品は以下のとおり。『ルネサンス書簡集、一九八九年。『わが秘密』、一九九六年。『ペトラルカ＝ボッカッチョ往復書簡』、二〇〇六年。『無知について』、二〇一〇年。以上、近藤恒一《つねいち》訳、岩波文庫。『カンツォニエーレ 俗事詩片』、一九九二年。『凱旋』、二〇〇四年。以上、池田廉《きよし》訳、名古屋大学出版会）。

ペトラルカは西欧史をきわめて単純かつ徹底的に、「古代（史）」と「近代（史）」に区分けした。彼は西欧史をローマ皇帝たちによるキリスト教の容認（三一三年のミラノ勅令）までさかのぼらせ、彼自身の時代までの一連の時期を、イタリア半島がゲルマン民族で荒らされ、学芸の輝きの失《う》せた「近代史 historia nova／暗黒（tenebrae）時代」と定めた。

ちなみに、「近代史」と、後述する「古代史」のあいだが「中世（中間の）時代」と後年命名されるが、それはイギリスの文学者ウイリアム・パートン・カー（一八五五―一九二三年）著『暗黒時代』（一九〇四年）によって広まった（現在、この中世暗黒説は反故《ほご》になっている。なぜなら、その暗黒期、フランク王国において九世紀に「カロリング・ルネサンス」が、西欧で先述した「十二世紀ルネサンス」が起こり、東方に目を転ずれば、東ローマ帝国にあって、十世紀に「マケドニア朝ルネサンス」が、十五世紀に「パレオロゴス朝ルネサンス」が生じており、決して暗黒とはみなせないからだ）。

「歴史（意識）」を見出したペトラルカは同時代のどのようなひとびとよりも、古代ローマという時代（historia antiqua）に生きる自分の姿を、夢想した。あらゆる歴史とはローマへの賛美以外の何ものであろうか、と大言した。自分の生きている時代とみずからが想い描く理想の時代とが反目し合った。また、キケロ、ウェルギリウス（前七〇―前一九年）、セネカ（前四七―後六五年）に心底から魅了されていた。彼は先賢たちに向けて、精力的に修辞的書簡を古典ラテン語の文体で綴《つづ》った。

さらに彼は、南フランス・アヴィニョン近郊の山、ヴァントゥウに実弟とともに登って、頂上から下界を見わたしてその絶景たる風景《パノラマ》に圧倒される。西欧のひとたちにとって、アルプス山脈のような山岳地帯には「魔物」が棲《す》むと言われており、あえて登山をする者はいなかった。そして、新たに発見した「風景」にうっとり見入っている際に、ポケットに入れてきた、アウグスティヌス（三五四―四三〇年）著の『告白録』を引き出して、目をとおした。その頁にはアウグスティヌスの魂の吐露が綴られていた。ペトラルカはその文言に深く感じ入り、「内面」という域のあることを発見して感慨に浸る。

ペトラルカはみずから生きる今を、歴史のなかに置いて、古代と今のあいだの暗黒を無視し、古代を今に復活させるとともに、内面を持った「個」の存在を発見した。彼は自分のまえとうしろを同時に見わたし、希望と自信に満ちた時代を切り拓いた。

宗教改革（一五一七年）以降

一般的に言われているように、ペトラルカやその衣鉢を継いだ者たちやボッカッチョが活躍した初期ルネサンスには、期待と意欲に満ちた精神が顕われたが、十五世紀中葉から十六世紀初頭までの盛期ルネサンスでは、復活した（新）プラトン主義やヘルメス思想の普及が、従来のアリストテレス哲学とも相まって一筋縄ではいかぬ混乱を呼び起こした。端的に言えば、大学でのアリストテレス哲学と在野での（新）プラトン主義とが絡み合った二項対立的な思潮を垣間見ることが出来る。

末期ルネサンス、つまり「近世《アーリー・モダン》（初期近代）」と近代の四世紀間、ルネサンスという概念の位置づけは、その時代そのもののアイデンティティを求めて変遷を繰り返した。

まず宗教改革との関連を考えてみなければならない。ルネサンス観の変遷史のなかに宗教改革の項目をなぜ設けるのか。それはほかでもない、宗教改革の主な目的が、ヘレニズム文化の興隆の最中にあってヘブライズムの文化への再認識を促すことだからだ。

どうして宗教改革が勃発したかを考えてみよう。ルネサンス期に至るまで、ヨーロッパで最高の金持ちは、ローマ教会だった。ローマ教会は、利子を生むという理由で商業（商人）を蔑《さげす》んできたが、時代が進むにつれて両者の間に妥協が生じてくる。なによりも教会側の手口（免罪符を買ってもらう）が商人のそれと似てきたからだが、利息を取ることだけは禁じた。

教皇という座に、大ロレンツォの次男でメディチ家出身のレオ十世（在位一五一三―二一年）が就いた時代のことだ。この教皇は先述のとおり人文主義的教皇との異名を取り、ローマをキリスト教の都とするためにさまざまな文化的政策を立案し実行に移した。そのためヴァティカンの金庫がいつのまにか空っぽになってしまった。そこで伝家の宝刀である、「免罪符（ローマ・カトリック教会が免罪のためとして信者に発行した証書。信者はこれを購入することで、現世の罪を逃れると信じた。中世末には教会財政をまかなう手段として乱発された。教会側に立てば献金によって信者の非が償却されるとして天国への通行税を課すことで財政問題を解決していた）」をやみくもに発行した。

こうした教会側の無鉄砲なやり方にルターが抗議するに及んだ。一五一七年十月三十一日のことだ。彼は教授職にあった、北ドイツのウイッテンベルク大学で『九十五箇条の提題（論題）』を公《おおやけ》にした。その概要は――「信仰だけが神の恩寵への道を拓く。そして信仰は神のみがそれを与えることが出来る。神は信者のなかから救うべき者と罰すべき者を選ぶことが可能だ（運命予定説）」と。これは救済説（罪の償いに精励すること）を指し、積善説（善行を積み重ねること）を唱えるカトリックの見解と相反する所見だった。

ルターは改革の「闘士」となって、カトリックの考えをよそに、聖書を教皇の上に位置づけた。同時代のドイツの覇者カール五世（在位一五一九―五六年）は、一四五三年に東ローマ帝国を倒したオスマン帝国が自国領土の拡大を狙って西欧に進軍しだしたがため、それを阻止するべく、宗教改革を押さえる力をそがざるを得なかった。また、宗教改革が拡大した理由が、カトリック信者の一部が宗教に無関心で、司教の支配から解放され、彼らの資産を奪いたいと考えていたからだ、と喝破する知識人もいた。

福音（キリストによる人類救済の教え）主義者、教会民主義者とも言われるルターと並称されるカルヴァン（一五〇九―六四年）は、ルターよりも過激な思想の持ち主だった。カルヴァンも運命予定説（人間は生まれながらにして神の意志で救われるか救われないかが決められていること）を支持したが、人間の運命が生まれるまえから定められているという見解に理性はなじまない、と説いた。そしてほんとうの誤りは、限りある人間の理性で全能の神を把握出来ると考える点で、それを傲岸《ごうがん》であるとした。ひたすら祈ることが人間としての義務であって、救済いかんにかかわらず、祈るという責務を果たすべきだと説いた。この謙虚な心根こそ、神に選ばれた少数の選民の因《もと》にあるとした。彼はルターの福音主義に立ちながらも、ルターのそれをしのいで信徒の生活の聖化や規律を重んじ、教会組織にあっていっそう反カトリック的で非妥協的であった。

さて、一連のこうした動きは、ルネサンスとどのような関係にあるのだろうか。それにたいする回答として、最も著名な書はエルンスト・トレルチ（一八六五―一九二三年）著『ルネサンスと宗教改革』（内田芳明訳、岩波文庫、一九五九年）であろう。トレルチは、「中世という禁欲の時代」を軸に、それが二つに分かれて意味を帯びると考えた。

一方で、中世的禁欲が解体軽減して自由なルネサンス的人間が形成された。その代表格が、各学知の枠を飛び越えて活躍するに至った、万能人《ウオーモ・ウニヴェルサーレ》の登場だった。彼らは貴族階層や富裕階層から報酬を得て芸術的な作業を受け持ち教養人となった。しかも一定の職業には就かず経済的には権力者に寄生《パラサイト》する人間となった。

そして他方、新教の方針のもと、禁欲が強化される、宗教改革的人間を輩出することになる。つまり労働することによって神に救われるという救済観が設けられた。中世的禁欲がルネサンスと宗教改革に二分されたというこのトレルチの図式はわかりやすい。

しかし、ルネサンスの定義として、宗教改革史の研究家であるバイントン（一八九四―一九八四年）の次の一文も貴重である。


ルネサンスは、ヘブライズムの精神に対抗して、繰り返し現われるヘレニズム精神の急激な高まりの、もうひとつの顕われとして考えられよう。

ヘブライズムとは、神中心の思潮（神の啓示による正義と愛を基調とするキリスト教精神）を指す。

ヘレニズムとは、「ギリシア風の」という意味で、人間中心（ギリシア精神）を意味している。

ルネサンスは「革命 Revolution」で、宗教改革は「改革 Reform」という見解も存在する。ルネサンスが大局的にみて、聖界と俗界がひっくり返ったこと――転覆、つまり革命であり、他方、宗教改革はあくまで、キリスト教という一宗教内での改善、つまり改革であったということである。さらにこうも言えるだろう――宗教改革はキリスト教のなかのユダヤ教的要素（ヘブライズム）への復帰を企図していた、と。

歴史上、宗教改革を唱導した人物で畳の上でまともな死を迎えられたのは、ウィクリフ（一三二〇頃―八四年）、ルター、カルヴァンくらいだろう。フス（一三六九頃―一四一五年）、プラハのヒエロニムス（一三六〇―一四一六年）、サヴォナローラ（一四五二―九八年）、ブルーノ（一五四八―一六〇〇年）は、みな異端の烙印を押されて火刑に処されている。

プロテスタントにとっては人間がどんなに道徳的に善い行ないをしようと、神に何か言う権利など全くないし、生き物の連鎖という梯子《はしご》をいくら上っても人間と神とをひとつにして人間を神の裡《うち》にある者とすることは出来ない。人間の神格化という、まさにこの考えこそが、カルヴァンにとって冒瀆《ぼうとく》だった。

このカルヴァンの教えが神に選ばれた少数の選民という説を産み出して（運命予定説）、

イングランドの清教徒、フランスのユグノー宗徒、新大陸のピルグリム・ファーザーズたちの使命感を助長した。運命予定説は、人生への希望と自信を惹起することに成功したのである。カルヴァンとともに、ルターをしのぐその「十字軍的精神」によって、富と権力が世俗的野心ではなくなり、信仰の一要素となる。このもとで、資本主義の精神、アメリカ大陸の開拓、産業革命が生起した。こうした一連の動きを近代になってマックス・ヴェーバー（一八六四—一九二〇年）が『プロテスタンティズムの倫理と資本主義の精神』（一九〇五年）として分析、刊行した。

さらに、バイントンは以下のように述べている。

もしルネサンスが宗教改革に対抗して据えられた運動であると定義されるなら、ルネサンスの特徴は、かつてもいまも、キリスト教の啓示の特殊性を壊そうとする傾向を伴って、キリスト教という総合体のなかのギリシア的要素（ヘレニズム）を中心に膨張することになる。

難しい文言だが、ここで述べられている「キリスト教の啓示の特殊性」とは〈神が人間に真理を示す啓示宗教〉であって、キリスト教が自然宗教（主としてアニミズム・呪物崇拝・多神教・自然崇拝など）ではないことを語っている。それはギリシア的な多神教が「自然宗教」に近いものであることと対照されている。そして、いままで地下の鉱脈を生きてきたギリシア的要素が、「体力」を落としたキリスト教の思潮を破って表に出てきたのがルネサンス文化であるとの主張だ。

西欧のひとびとの精神構造の深層には、陰に陽にヘブライズムとヘレニズムが絡み合って両義的色彩を湧出していると思われる。ルネサンスと宗教改革の関係もこういった視角で捉えられている。

話が多少とも横道にそれるが、アルプス以北で起こった宗教改革にたいして、イタリアが手をこまねいていたわけではない。

イタリア語で「対抗（反）宗教改革」に該当する単語は二語ある。Controriforma と Riforoma cattolica である。

前者が有名な、数回にわたって開催されたトリエント公会議（一五四五年から十八年間）に結実する、地動説を否認する決議をし、その後のカトリック世界の方向性を定めた、保守的な外からの力による「改革」である。戦闘的で日本にも布教にやってきたイエズス会（フランシスコ・ザビエル他）の誕生もみている。

後者は、カトリック教会内部からの純粋な刷新運動を指す。ホァン・デ・バルデス（一五〇〇頃―四一年）はルターに近い立場を取ってプロテスタントの宗教観に同調したが、なぜかその新教的要素は異端審問官に見破られなかった。その他、コンタリーニ枢機《すうき》卿《けい》（一四八三―一五四二年）などの福音主義者が登場した。彼は教皇パウルス三世（在位一五三四―四九年）の時代に、新教との協調による教会改革を企図して、一五四一年、ドイツのレーゲンスブルクで両派の代表が会するところまで話を持っていったが、同年ジュネーヴでカルヴァンによる宗教改革が勃発し、同時に新教内部の急進派の台頭と旧教内部の強硬派の意見が強まって、失敗した。

　前述のようにルターはみずからを人文主義者とは思っておらず、教皇や公会議を否定して聖書を第一義とする、まさに宗教改革の「闘士」であった。彼より過激だったのが、繰り返しになるがカルヴァンである。彼らは二人ともみずからを人文主義者とは認知していない。もとより全欧のひとびとが、今がルネサンス期だと自覚してはいなかった。この点、宗教改革に関連した人物たちは、宗教を一媒介として自己確立をしていったと言えよう。ルネサンス観の変遷という視座に立てば、内なる（宗教的）世界よりも「地理上の発見」によって、ひとびとの目が外海（航海）へと向けられ、その面では拓けてゆくという進展が生じたと考えられる。

啓蒙主義・浪漫主義時代、その後

宗教改革に付随した過激な宗教戦争（フランスのユグノー戦争、一五六二—九八年。三十年戦争、一六一八—四八年）を経て、十八世紀になると、啓蒙主義の時代が訪れる。この時代は人間の潜在能力にたいする自信が回復して、人間が完璧な存在であると肯定された時代でもある。

したがってその思想にはルネサンス期の思潮と通底するものがある。中世を野蛮とし、ルネサンス期をその粗野、無知、妄信から脱却した時代とみなして、啓蒙主義者たちは共感さえ抱いたのである。

彼らの志向性は、断じて過去に向いておらず、未来や当代に関心があった。現代こそが理想社会の実現を可能にする叡知《えいち》を充分保有していると信じた。

例えばヴォルテール（一六九四—一七七八年）は、理性と科学的真理に基づいた宗教を打ち立てながら厄介な教会制度を解体しなかった点で、ルネサンス人を難詰した。ヴォルテールにしてみれば、科学的宗教こそ、人間の幸福と倫理にとって必然的な基盤なのだった。

十九世紀の初頭までに合理主義や新古典主義が浪漫主義に取って替わられた。浪漫主義は過去の作品を共感的姿勢と尊敬に近い崇敬の念で読み込み、全般として開放的で時代に息吹をもたらした。この時期の著述家たちはルネサンスのなかにある種の魅力、しばしば病的なほどひとを惹きつける力、さらに偉大な個性、邪悪、血、暴力をも見出した。

ゲーテ（一七四九―一八三二年）は、古典主義と浪漫主義の両方を知的に把握していたが、十六世紀の最も代表的な人物として、自分勝手で神経質な芸術家ベンヴェヌート・チェッリーニ（一五〇〇―七一年）を、夭折の巨匠ラファエロ（一四八三―一五二〇年）より重要視した。チェッリーニも、同時代のカルダーノと同じく『自伝』を遺しているが、カルダーノが「地理上の発見」に関心を向けているのに反し、チェッリーニは全く無関心であった。この点からもカルダーノの進歩的な一面がうかがえる。

しかし包括的にみて浪漫主義によってはルネサンスの歴史的枠組み、崇高な位置は見出されなかった。それは次の理由による。浪漫主義者の多くがルネサンスの異教主義を批難し、古典教養の残滓よりもヨーロッパの諸民族の起源や特徴のほうに関心を抱いたからである。さらにもっと大切なことは、浪漫主義者が中世を発見して一種のおとぎの国として解釈し、おとぎ話にふさわしい景色や登場人物を独自に彩って悦《えつ》に入《い》っていったからでもある。

この浪漫主義が終焉《しゅうえん》を迎える十九世紀の末葉は急速な工業の拡大、機械化の拡張が起こった時代だが、こうした環境下でルネサンスの思潮が広まった。つまり、人間関係が「複雑化」した十九世紀末の工業社会の負荷を逃れた時代として、福楽の時期であるルネサンスへの憧憬がみられたのである。つまり、十九世紀末の錯綜化した社会が中世への憧れの合わせ鏡となって、多種多様な像を呈したことになるだろう。

ゲオルグ・フォークト（一八二七―九一年）著『古典古代の復興』（一八五九年）では、イタリア人文主義者の知的能力の限界を指摘し古典へのうぶな心酔を批判しつつも、個としての人格に存分な役割が与えられたことでルネサンスを評価している。フォークトはこの新しく大胆な志向の発信者をペトラルカだとみなした。ペトラルカこそ、はじめて個人とその権利に最高級の意義を求めて、力強くかつ自由に屹立《きつりつ》させた人物だった、と。

ブルクハルトの大著『イタリア・ルネサンスの文化』の登場も、堅固で散文的で物質的なものがぎっしり詰まった、きわめて非浪漫的な時代である十九世紀の中葉をその背景としていた。

二十世紀以降

そして二十世紀にあって研究者たちは、ルネサンスが纏《まと》う装飾をはがし、ルネサンス期からその独自性を奪い取ったが、一方でファーガソンのような過渡期史観を唱える研究者もいれば、他方には、ブルクハルトの断絶（近代）史観の影響がいまだにうかがわれる研究者もいた。

レオナルド・オルスキ（一八八五―一九六一年）は『イタリアの天才』（一九四九年）で、ブルクハルトよろしく、イタリア人の精神と魂の独特な性質に賛辞を示し、ルネサンス文化をイタリアの天才たちが連続して出現した事例のひとつとして解釈した。

『初期イタリア・ルネサンスの危機』（一九五五年）の著者で、市民的人文主義の提唱者であるハンス・バロン（一九〇〇―八八年、ナチスの台頭を嫌ってドイツからアメリカに亡命して研究生活を送った）は、ブルクハルトの主要な論点がいぜん有効だとみなしている。一九四三年、彼は、近年の学問が、十五世紀ルネサンスの根本のところに、人生観や世界観の基本的変化、つまり近代西欧の息子たちのなかでの長子の誕生があった、というブルクハルトの命題を発展させた、と述べた。

エルンスト・カッシーラー（一八七四―一九四五年）には『認識問題――近代の哲学と科学における』（みすず書房、全四巻のうち、ルネサンス期は第一巻、須田朗・宮武昭・村岡晋一共訳、二〇一〇年）という名著がある。彼はルネサンスを近代科学的世界観の起源とし、ルネサンス期にあって新しい人間の意識が芽生えた、と解釈している。それは外的な現実を自分なりの主観的認識力でまとめ上げることによって、統一的で「有機体的な世界（宇宙）」を創造するという人間の能力を指していた。

エウジェニオ・ガレン（一九〇九―二〇〇四年）とパウル・オスター―・クリステラー（一九〇五―九九年、ナチスの台頭を嫌ってドイツからアメリカに亡命して研究生活を送った）を比較してみよう。この二人のルネサンスに関する論説は、ルネサンス研究を志す者なら、絶対に避けて通れない碩学《せきがく》の書だからである。いくつもの論点中、両者の人文主義にかんする主張の差異を検討してみよう。

ガレンは、人文主義こそがルネサンス哲学全般を顕わしており、中世スコラ的伝統に対立する新しい世界観である、と説いている。これは、中世とルネサンスの哲学を比較検討して、ルネサンス哲学の素《もと》である人文主義に前代とは異なる新しさや気組みを看取しているわけで「断絶史観」に近い。

他方クリステラーは、人文主義とスコラ哲学の対立とは考えずに、人文主義的学問や人文主義的教育（文法、修辞学、詩学、歴史、道徳哲学）とスコラ的学問（神学・哲学・論理学、自然学、形而上学）の競合に光を当てている。この見解はルネサンス期の教育科目と中世・スコラ学との学術的内実にメスを入れたものの顕われだと言える。

さて、最後に、なぜ「ルネサンス観の変遷」を考察したかに言及しておきたい。それは、人文主義者と宗教改革の立役者が自分たちの現在をどうとらえていたかを探り、かつその後の時代のこの時期へのまなざしの移ろいをたどることで、それぞれこの時期のどんな要素をとらえているかを明らかに出来、そうすることで複数主義史観がより深く理解可能となるからである。

3　ルネサンス文化の担い手たち

「変化」の兆候

ルネサンス文化全般を捉える場合、次のような見地があってとうぜんであろう。つまり、ルネサンスを理解し評価するときの難題は、それがきわめて複雑で多面的であり、唯一の概念的枠組みに当てはめられないのに、ひとつの解釈を求めて叫んでいる一点にある、と。

第1節で触れたように、ファーガソンのルネサンス観は、ルネサンスが中世と近代の過渡期に位置するというものであった。この分類は筋目がとおっていて便利であるが、啓発性に欠ける。確かにルネサンスは過渡期だったが、繰り返すがいったい過渡期でない時代があったであろうか。どの時代も過渡期なのである。けれどもここに大切な問題がひとつ存在している。

「変化」の潮流が同じ方向に動いていたか、あるいは反対の目標に向かって動いていたか、である。また変化が時代の特徴を決定する上で偶発的であったか必然的であったか、である。

ルネサンスは文化面で積極的な意義があり、政治・経済・社会面では乱脈、下落状態にあった、と述べる研究者もいる。しかし動乱の時代であったものの、変化は近代へと舵《かじ》を切っていた。具体例を挙げると、都市社会の漸進的《ぜんしんてき》進展、資本家による事業拡大、旅や地理上の発見への広範な関心、自然界とその住人への高まる知識欲である。

だが、さらに重要なのは、文芸や美術での多様な表現を与えられた対象物である。これは諸作品群を実際読んだりみたりすればわかることだが、おおかたの期待に反して近代的気質とあまり性分の合うものでない。ルネサンス以後の時代を特徴づける特質や関心や傾向となったものと、それはかなり対立している。前出の『カルダーノ自伝』に叙されたカルダーノの生き様《ざま》がよい例であろう。科学は、多くのルネサンス期の思想家に長いあいだ無視されたり敵視されたりしてきた分野だが、近代の夜明けを迎えるに当たっても、適切に遇されたわけではない。ガリレイに対する異端審問を例に挙げるだけでも充分だろう（ガリレイの異端審問はガリレイの出世を妬《ねた》んだ一派が仕組んだものだ、という見解もある）。

なによりもルネサンスは、貴族や富裕市民層といった上流階級のひとたちが主動となったもので、非特権的な労働者や失業中の貧民の必要に応えそこねたし、その必要性を認識することとさえ出来なかった。上層階層のひとびとは、例えば、貧しいが高い芸術の才能を持つ者（職人）に絵画を描かせたり彫像を彫らせたりしてそれ相応の報酬を与え、その見返りに秀逸な作品群を我がものとすることで「名声」をほしいままにした。いわゆる「パトロン」と「芸術家（パラサイト）」の相互関係の誕生である。

他方ルネサンスの知識人たちは、同時代の諸制度のなかで個々人の個性は形成されてきてはいるが、人間の可能性や社会に流布された理想像とそれらが一致しないという厳しい現実生活をまえにして、自分たちの理想が夢にしかすぎないのではないか、と気づいた。

マキァヴェリ（一四六九―一五二七年）の研究でも知られるフェデリーコ・シャボー（一九〇一―六〇年）は中世とルネサンスの文化の対照点を次のように説明している。（　）内は引用者の付記。

ルネサンスはその表現を個人生活にありがちな実用的な活動のなかに見出してはいない。つまり（特にメディチ家にみられる）フィレンツェ市民の陽気な生活、（フェッラーラのエステ家から嫁《とつ》いできたイザベラに代表される、ゴンザーガ家支配の）マントヴァの貴婦人の放縦《ほうしょう》、（平和時には余剰兵力を用いて法律や規律を無視して市民を食い物にした）傭兵隊長の慎みのない野望、あるいは（スペイン・アラゴン家の統治下に置かれた）ナポリの宮廷の一部の廷臣の多情なる密通ではなくて、むしろ人間の目論見《もくろみ》や行動が理想的体系に合致し、単なる実用的本能活動から精神的信条や人生設計といった地位へと高められる方法にこそ、見出されるのである。

かなり読み取りにくい文章である。ルネサンス文化の特色は世俗性にあるのではなく、それとは対照的な、理想を求める人間精神の羽ばたきにある、と筆者には読める。ルネサンスは形式上でも精神上でも、近代よりもはるかに理想主義的だった、とシャボーは述べている。

しかしこの提言が合意に至っているわけではない。再びシャボーの言葉だが、古典を精読してその伝統を継承しようとした人文主義者たちは、「ひとを鼓舞させる神話」として、古典古代の諸形式を蘇生させた、それは古典古代の知見の世俗化でもあった、とある。

キリスト教的人文主義者の企ては、古代人の叡智とキリスト教の伝統に内在する特徴を、充分に実現させることだった。一般に人文主義者という術語でくくられるルネサンス文化の指導者たちは、人間中心の考えだったが、自分たちが自然の子であり、また神の創造物でもあること、さらにこれら双子の定めを通じて人間が威厳と善意ある位置に到達し得ることを確信していた。

双子、つまり、単数ではなく複数を念頭に置いていた。

盛期ルネサンス、及び北方ルネサンスの代表的人物であるエラスムスは、神が、この世の人間をあらゆる点で神ご自身の似姿そのものであるかのように創ったのだから、人間が万物の富を現世での神として養うべきだと定めた、と主張した。

「神の似姿」と「現世での神」といった、二つの志向が存在したわけである。

都市国家と「家」

「まえがき」に「ルネサンス文化は都市の文化だ」ということを記した。それの最たる顕われは主に北イタイアの諸都市で興《おこ》った。フィレンツェが最も著名だが、それにかんしては後述するとして、いまは、代表的な都市とその地を支配した「家」を紹介しよう。北から、ミラノ（ヴィスコンティ家→スフォルツァ家）、パドヴァ（カッラーラ家。一四〇六年まで、その後ヴェネツィアに併合される）、ヴェネツィア（総督《ドージェ》）、マントヴァ（ゴンザーガ家）、ボローニャ（ペンティヴォリオ家）、フェッラーラ（エステ家）、フィレンツェ（メディチ家）、ウルビーノ（モンテフェルトロ家）、ナポリ（十五世は政治的内紛状態。その後、スペイン・アラゴン王家)。

だいたいこのような都市が代表的なものであるが、このなかでいちばんルネサンス的都市と呼ばれているのはフェッラーラだ。ウルビーノもイタリアの他の多くの都市と同じく丘の上に建つ、傭兵隊長フェデリコ・モンテフェルトロ(一四二二―八二年)が統治に当たった文化都市だった。エステ家の美人姉妹の話もしたくなるが、ここでは十五世紀のルネサンス文化の象徴的都市であるフィレンツェのことをやはり物語ろう。

メディチ家の存在を主に語ることになるが、そもそもこの名門は新興勢力の家柄だ。メディチ家台頭のまえでは、アッチャイウォーリ家、バルディ家、ストロッツィ家などがフィレンツェで銀行家として力を誇示していた。しかし英仏百年戦争(一三三九―一四五三年)で、英国のエドワード三世(在位一三二七―七七年)に金銭を貸与したが、英国が敗れて貸付金が戻ってこず、金を貸与したアッチャイウォーリ家、バルディ家は倒産。ストロッツィ家は政治面での体力は多少なりとも温存したが、十五世紀半ばも過ぎる頃にはメディチ家に政財面で後れをとることになる。

さて、ペトラルカの話をした際、彼にはその衣鉢を継いだ三人の弟子がいる、と述べたはずだ。そのなかの三番目に当たるのが、ポッジョ・ブラッチョリーニ(一三八〇―一四五九年。ブラッチョリーニについては、スティーヴン・グリーンブラッド『一四一七年、その一冊がすべてを変えた』、河野純治訳、柏書房、二〇一二年を参照）だが、フィレンツェ共和国政府の中枢にいた彼の友人が、コジモ・デ・メディチ（老コジモ、一三八九―一四六四年）だった。「祖国の父」と呼ばれるに至るこの人物は、メディチ家の権力を確立し、多くの職人（絵描き、彫刻職人など）の庇護者《パトロン》となって、フィレンツェ・ルネサンスの基礎固めをした（ブルネレスキ、ギベルティ、アルベルティ、フラ・アンジェリコ、ウッチェッロなど）。一四六三年には在野の研究機関である「プラトン・アカデミー」を創設した。そこはコジモの侍医の息子、マルシリオ・フィチーノを象徴的人物として、以下当時の奇才たち（哲学者のジョヴァンニ・ピコ・デッラ・ミランドラ、詩人のポリツィアーノ、物語作者のルイジ・プルチ、それに若輩のミケランジェロなど）が集まるサロン規模の研究所だった。彼らは、神と人間との探究、キリスト教と異教との調和を思考した。

大ロレンツォ――「黄金の知の世紀」

老コジモが六四年に死去したあと息子のピエロが後継となったが、短命で、老コジモの孫のロレンツォ・デ・メディチ（一四四九―九二年）がフィレンツェ政局の黒幕となる。この間に彼の庇護を受けた者に、ボッティチェリ、ヴェロッキオなどがいる。メディチ家は、もともと本家（兄系）と分家（弟系）の二派に分かれていて、おおまかに言えば、本家が政治を、分家が本業の銀行を営んでいた。両家ともに絵描きや詩人を保護したが、仲がよいとは言えなかった。結果論だが、後年トスカナ大公の地位を得るのは分家出身者だ。

しかし、ロレンツォ・デ・メディチ（大ロレンツォ、ロレンツォ豪華公）が世にあった約四十年間は「黄金の知の世紀」と呼んでも差し支えないほどに、フィレンツェ・ルネサンスは百花繚乱のごとしだった。ただ、天の配剤か、大ロレンツォが短命すぎ、その後まもなく、メディチ家はフィレンツェから追放の憂き目に遭う。

フィチーノの業績

フィチーノはラテン語にもギリシア語にも精通していて、数々のギリシア語の名著をラテン語に翻訳した。ペトラルカもギリシア語を学習したが、彼は初級段階で終わってしまって、原典はわずかしか読めなかった。裏を返せば、ペトラルカの時代（十四世紀）には、イタリア半島の南部にしかギリシア語は遺っていなかったことの、これは証左である。そこで、弟子のサルターティ（一三三一―一四〇六年）が、ビザンツからギリシア語の教師であるマニュエル・クリュソロラス（一三五〇―一四一五年）を連れてきて（一三九五年）、フィレンツェ大学にギリシア語講座を設置し、教授を担当させた。

その第一世代の教え子にかのレオナルド・ブルーニがおり、その完璧なギリシア語能力を発揮して、『ソクラテスの弁明』、『パイドーン』をはじめ、多数のギリシア語の名著をラテン語に翻訳している。

フィチーノは第二世代に相当するだろう。翻訳という作業がいかにそれを受容する文化に影響力を及ぼすことか。ここでもそれは顕著である。フィチーノの著訳業を挙げてみたい。

① 一四六三年　古代神学のひとつ『ヘルメス文書』翻訳（荒井献・柴田有共訳、朝日出版社、一九八〇年）

② 一四六三―六八年　『プラトン著作集』翻訳

③ 一四六九年　プラトン『饗宴』註釈（左近司祥子訳『恋の形而上学』、国文社、一九八五年）

④ 一四六九―七四年　『プラトン神学』

⑤ 一四八四―九二年　プロティノス『エネアデス』翻訳（田中美知太郎他訳、中央公論社、一九八六―八七年）

⑥ 一四八九年　『三重の生について』

⑦ 一四九四年　『太陽論』（根占献一・田中佳佑共訳、『原典　ルネサンス自然学』

下巻所収、名古屋大学出版会、二〇一七年）

『ヘルメス文書』のほか、「古代神学」には、ゾロアスター教（拝火教）とオルフェウス教がある。このなかで当代の文化思潮に多大な感化を及ぼしたのは①だ。それに⑤が加わる。もちろん他の仕事も重要だが、後世にわたっての影響力の点では、①と⑤に如《し》くものはない。

①も⑤も、太陽崇拝、生命の秩序的連鎖を謳《うた》っており、アニミズムの自然観だ。①の『ヘルメス文書』は、硬直化してしまったプラトン哲学に新風を吹き込もうとして成り立った創造神話で、語り口は聖書に似ている。この文書は、聖書より古い作だと誤解され、当時、尚古趣味的なルネサンス人をとりこにした異教の著書である。

⑤のプロティノス（二〇五―二七〇年頃）『エネアデス（五十四、の意味）』は、プラトン、アリストテレスに次ぐ、三大哲学者の最後の人士で、二人の偉大な哲学を融合して、新プラトン主義を主唱した。「一者」と称される、純粋無垢な存在を掲げて、それを太陽と見立て、そこからの光の流出と還元を第一義とする。「一者」から流出した光が次のモノ（叡智界）に（一者から独立するが）一者の特質を保って分身する。この次も同じようにして第三のモノ（魂）についても起こる。そして次から次へと光の流出が続き、感覚的能力（植

物的魂）まで流れてくると、今度は方向を一者のほうに向けて還元作用が生じる――「何度も流出が繰り返されて、再び「一者」に還元される」――という円環の思想をとる。明らかに、初めがあって終わりがあるというキリスト教の直線型思潮、神を頂点にして知性を持った人間だけが自然をモノ（無機物）とみて支配し神に近づき得るとする思考とは相入れない異教であることがわかる。

端的に言えば、プラトン哲学とアリストテレス哲学の融和を示唆している。つまりプラトンの言う「イデア」に類するのが「一者」で、それが次々と分身して宿っていくという「経験主義的」な面がアリストテレス的だ、というわけだ。

この二つの知的潮流がフィチーノの翻訳によって世に出るや、大多数の知識人の支持を得て、十五世紀末期から十六、十七世紀の西欧の流行思想となって一世を風靡した。南イタリア出身のベルナルディーノ・テレジオ（一五〇九―八八年）やジョルダーノ・ブルーノ（一五四八―一六〇〇年）、それにトンマーゾ・カンパネッラもその影響下にあった。

「学」の四界

『ヘルメス文書』や『エネアデス』の翻訳発刊までには「学問」は三つに分かれていた。一つ natura（自然）、二つ ars（技術知）、三つ scientia（学知）だ。これに前述の①『へルメス文書』と⑤『エネアデス』（新プラトン主義）の二つ（魔術の知 occulta-magia）が加わって四界となっていく。occulta とは「隠れた、隠微な」の意味で、隠微哲学《オカルト》として表に出てきて陽の目をみる。もちろん反キリスト教の立場で、ヘレニズム文化の系譜を引いている。

ここで言う「魔術」とは、白黒両魔術があるなかで、妖術や降霊術の類《たぐい》の黒魔術ではなく、やがて「自然魔術」へと発展する白魔術の謂いである。「（白）魔術とは自然に何らかの効果を与える人為的行為」を指す。神的ではない。

プラトン・アカデミーでは、神と人間との考察が行われたことはすでに述べた。ローマ教会がどんなに腐敗していても、人間が運営する教会組織の堕落はあってとうぜんであるとされ、神への信仰は衰えることはなかった。やはりキリスト教こそ、ルネサンス文化の思想的屋台骨と言っても誤りはなかろう。

このもとでルネサンス人文主義が隆盛した。人文主義者はキリスト教を否定せず、彼らの文化が宗教生活の刷新に役立ち、強靭な精神力を保持させ得ると考えた。信仰は宗教の内実だが、人文主義者はその内的要素を探究しようと努めた。

したがってこの時代の人文主義は、次の二種類に分かたれるのではあるまいか。

・キリスト教的人文主義（ローマ・ラテン文化）――ペトラルカ他（十四世紀）以降。

・異教的人文主義（ギリシア・ヘレニズム文化）——フィレンツェにギリシア語の講座が誕生（十四世紀末以降。第一世代にレオナルド・ブルーニ他。第二世代にフィチーノ他）。

三分化されるルネサンス文化

イタリア・ルネサンスは前期（初期）と中期（盛期）、それに後期（末期）と、三分される。

十四世紀から十五世紀の中葉までの初期ルネサンスは、前述したパトロンと職人たちが自信に満ちた、迸《ほとばし》らんばかりの精神力を作品上で表わした。十五世紀後半、最後の二十五年間または十六世紀の初頭をも含む盛期ルネサンスは、力のこもった壮大な芸術作品をもたらしたが、挫折、幻滅、そして絶望の感情でも苦しめられた。そして十六世紀中葉からは、主に南イタリア出身の自然魔術師たちが十七世紀中葉まで活躍した。

ルネサンスは一五一〇年代の半ばで頂点に達した。美術、文芸、哲学の分野で、おのおのの領域の天才たちが不朽の名作を生み出した。これは偶然ではなく必然であろう。例をあげてみる（人文書はみな邦訳があるが、多数の場合は代表的なもの二点に絞る）。

・ミケランジェロ——システィーナ礼拝堂の天井のフレスコ画（一五〇八—一二年）

・エラスムス――『痴愚神礼讃』（一五一一年）：渡辺一夫・二宮敬共訳（中公クラシックス、二〇〇六年）、沓掛良彦訳（中公文庫、ラテン語原典より邦訳、二〇一四年）

・マキァヴェリ――『君主論』（一五一三年、出版は没後の一五三二年）：河島英昭訳（岩波文庫、一九九八年）、池田 廉《きよし》訳（中公クラシックス、二〇〇一年）

・トマス・モア――『ユートピア』（一五一六年）：平井正穂訳（岩波文庫、一九五七年）、澤田昭夫（中公文庫、一九九三年）

・アリオスト――『狂えるオルランド』（一五一六年）：脇功訳（名古屋大学出版会、二〇〇一年）

・ルター――『九十五箇条の提題（論題）』（一五一七年）：山内貞男訳（抄訳、ネット上）

・カスティリオーネ――『宮廷人』（一五一八年）：清水純一・岩倉具忠・天野恵共訳（東海大学古典叢書、一九八七年）

こうしてルネサンスの絶頂期は、教会を根底まで揺るがすルネサンスの疼痛を生み出した宗教改革の開始とほぼ一致する。

他方で、盛期ルネサンスを過ぎた十六世紀中葉には、科学の芽吹きがみられた。以下のとおりである。

・コペルニクス『天球回転論』（一五四三年。地動説の提唱）
・ヴェサリウス『人体構造論』（一五四三年。近代解剖学の黎明《れいめい》）：『人体の構造について』（澤井直訳、『原典　ルネサンス自然学』上巻所収、名古屋大学出版会、二〇一七年）
・タルターリア　アルキメデス著作集をラテン語に翻訳（一五四三年。ガリレイに影響を及ぼす）
・カルダーノ『アルス・マグナ』（一五四五年。三次方程式の解法を公表）

ルネサンスの生活と文化については、初期の楽観的時代の始まり、また最高級の芸術作品の誕生、悲観的特質をもたらした後期の最終的崩壊の時期、といった具合に三分法が広くいきわたっている。

これに前述した十六世紀中葉の科学の萌芽の時期、それに並行する自然魔術の隆盛（特に南イタリア）、アルプス以北でのキリスト教聖職者による「魔女狩り」が末期ルネサンスにその惨状を呈する。

魔女狩りは、フランスやドイツの農村共同体に遅れて浸透した貨幣経済の生み出した貧富の格差、それに女性蔑視、悪魔学の成立に原因の一端がある。アルプス以南のイタリアではあまりみられなかった。それゆえルネサンスが本質的にアルプス以南のイタリアの都市国家の現象であることが理解される。

だがイタリア・ルネサンスは孤立して発展したわけではなく、西欧の文化遺産や展望に深く根ざしていたのは言うまでもない。やがてイタリア・ルネサンスの盛期の訪れとともに、その文化がアルプス以北の北方（英、仏、独、蘭）、西方（西、葡）へと伝播していくからだ。

文化の優位

〈境界〉を大きく三つの角度（断絶史観、過渡期史観、複数主義史観）から切ってみたが（連続史観には〈境界〉が存在しないから省いている）、筆者の立ち位置は「複数主義史観」にある。各論点でそれを主張してきた。

ルネサンス文化の様相はまさにさまざまであるが、所詮、人為的な〈境界・区切り〉を設けても限度がある。それを文化史家たちは各自の視点を礎に論を張ってきた。それが十九世紀中葉で発芽し、以後談論風発の態で今日までに至っている。そのなかで歴史を静的にも動的にも捉え、あえて〈境界〉に両義的な眼差しを持たせた史観（複数主義史観）で、史実の全体的過程をみつめるというのはいかがなものであろうか。

ジョヴァンニ・ピコ・デッラ・ミランドラ（一四六三―九四年）が『人間の尊厳についての演説』（大出哲・安倍包む・伊藤博明共訳『人間の尊厳について』、国文社、一九八五年）で唱えた、人間中心、人間の持つ自由意志の尊重、人格形成の奨励という画期的な提言とは裏腹に、神との一体化といった新プラトン主義的な彼の知のありようは、十五世紀半ばのフィレンツェ・プラトン主義の知のあり方（の限界）を如実に反映している。人間の徳性を神からの贈り物とみなす、中世的知へと逆戻りしてしまっている。そのまえの十四世紀は市民的人文主義の時代で、知は都市国家のために役に立つべき世俗的なものとしてあったのだったけれども。

これが十六世紀に入ると、自然に関する知が「（白）魔術」から「自然魔術（自然とは何かを問う知。自然にたいする知識）」となって、経験や実践性が加味される。

政治や社会でもマキァヴェリに代表される現実直視、政教分離の動きがみられ、知の世俗化が加速した。十六世紀末葉までには、知が人間として自己実現をめざす際の世俗的糧《かて》となった。

べつの方面からうかがうと、人文主義の父と称される十四世紀を生き切ったペトラルカは、古典文化から道徳観（生き方）を、キリスト教信仰から倫理観（生きる理念・理想）を――この二つを自己の裡で統一、止揚して「キリスト教的人文主義」を打ち立てた。さらに人文主義者として人間に関心を向けて、人間の生き方と人間存在そのものの探究へと向かい、畢竟《ひっきょう》「人間学」として諸学の垣根を越え、百科全書的な知、脱領域的な知を体現するに至った（「知はひとつ」）ことはすでに述べたとおりである。

これはルネサンス人に万能人《ウオーモ・ウニヴェルサーレ》が複数存在する要因ともなったであろう。アルベルティ（一四〇四―七二年）、ブルネレスキ（一三七七―一四四六年）、レオナルド・ダ・ヴィンチ、カルダーノなどの異能のひとたちが想起される。

彼らに、〈境界〉は〈境界〉でも〈知的境界〉などは関係なかった。みな、「学的越境者」で複数の分野で活躍した偉人たちだった。

最後にルネサンス文化全般を振り返ってみたい。

ナポリの哲学者であるヴィーコ（一六六八―一七四四年）が次のような至言を遺している。『イタリア人の太古の知恵』（上村忠男訳、叢書ウニベルシタス、法政大学出版局、一九八八年）のなかで彼は、「真なるものは創られたものに等しい verumesse ipsum factum」と記している。「創られたもの」とは歴史を指すが、なによりも歴史とは人間が生み出してきた諸学問（さまざまな知の領域）を示していると言ってもよいだろう。ヴィーコの見解に寄り添って述べてみよう――自然は神によって創造されたものであるから神のみが自然を知り得る。他方人間の知的営為や学問は人間が創り出したものだから、それらを人間は知ることが可能だ――これは人間の創り出した文化と神の創造にかかわる自然界という対比の構図のなかで、文化のほうが歴然として優位を占めることを示唆している。

歴史それ自体にもこれは当てはまる。おそらくあらゆる歴史的な革命のなかで最大のものは、歴史意識をひとが新たに見出したことだろう。西欧でこれがある日とつぜん起こったのではないことは自明である。世界が季節的循環の宇宙から成り立っているという考えになじんできたひとたちが、「歴史の存在」によって区切られる、などと想うことが、いかに困難であったか、想像に難くない。

この新たな考えは人間による新しい発見であった。ある特定の種類の発見ではなく、新規な経験の可能性のそれであったのだ。

第一章　「術」と「学」

序章では〈境界〉をテーマにいろいろ検討してきたが、本章の「術」と「学」にも、二つの間に〈境界〉が存在する。それは本章を読み進めていけばわかってくるので愉しみにしていただきたい。また、第三章第1節でカンパネッラ著『事物の感覚と魔術について』に言及するが、そこでは「自然魔術」をとおして「科学」へと格上げされるいくつかの「学知・学問」を取りあげるので期待してほしい。

それでは本論に入ってゆこう。

「術」と「学」――この二つの違いは容易なようで、なかなかすぐに回答は出てこない。例えば、「占星術」と「天文学」の共通点は何か、と問うと、ともに天界の問題だ、と回答することは出来るが、二世紀頃に活躍したアレクサンドリアのプトレマイオスという古代の傑物が『四書《テトラビブロス》』という本と、『天文学大全《アルマゲスト》』という本を、おそらく自分の裡《うち》に少しも矛盾をはらまずに遺している。この二書の相違点は難しい。端的に述べると『四書』は占星術に触れており、『天文学大全』はその書名にあるように天文学をテーマとしている。プトレマイオスは数学者でも地理学者でもあったから、地球がかかわってくる天文学の本を著わしてもおかしくないし、天文学も占星術も、天空の星辰《せいしん》間の距離、運行速度などを計量する点では共通ゆえに、同一人物が論じてもべつにおかしくはない――これには一理ある。

しかし、「学」と「術」とをひとしなみに扱うことにはどこか違和感がある。この場合の「学」はギリシア語の「ロゴス」、「術」は「テクネー（ラテン語では、アルス）」に由来している。「ロゴス」を言い換えると、理性によって捉えられる共通なものの謂いであり、多岐にわたる「感性的事物を貫く共通なロゴスの把握こそギリシア科学思想の特質」（坂本賢三『科学思想史』、岩波書店、一九八四年）だった。

諸学の成り立ちを調べればわかることだが、中世では哲学（宇宙や人生の根本原理・究極的なあり方を理性によって求めようとする学問。世界観・死生観などの「観」で表現されることが多い）は神学（キリスト教の教義や信仰生活を探究する学問）の下僕であった（というより哲学することが神学そのものだった）。しかし時代が進んでルネサンス期（十四世紀後半―十七世紀前半）になると、神学はその力を失って哲学と並び、哲学も道徳哲学と自然哲学に分岐することになった。つまり中世では魂（霊魂）の問題のほうが現世に生きる人間の生よりも大事とされ、神学と哲学の双方が、それぞれの立場で霊魂を考察したが、ルネサンス期になると、人間が、現世でどのような善き生き方をすべきかを扱う道徳哲学が中心となる。一方、われわれの知るような近代自然科学以前の自然（哲）学では、依然として魂（霊魂）も重要な思量対象であった。

いわゆる隠微《オカルト》な世界が、この期の自然哲学の半分以上を占めていて、筆者はこれを「魔術の知」と総称している。サイエンス（シエンツァ・客観知）でありながらサイエンス（シエンツァ・科学）には成り得なかった時代が、ガリレイが登場するまで長きにわたって続いた。ルネサンスの自然観を代表する、有機体的なアニミズムや生気論（反対は「機械論」）の世界観である。つまり、学界の三要素である、natura（自然）・ars（技術知）・scientia（客観知）に、occulta-magia（隠微な知－魔術の知）が加わったことになる。

アニミズム、汎神論による思念は形而上学の領域であって、ガリレイ以降の形而下の近代自然科学は、形而上学の分野である魂（霊魂）の問題を棚上げにした。それゆえにこそ、近代科学が今日まで保たれてきた。魂の問題など科学では解けないからである。回答しようとして、姿勢をさらに科学的にすれば、心理学は魂をなくした行動学となり、宇宙論は宇宙物理学に一変してしまう。

魂の問題は近代自然科学にとってお荷物であり、これはやはり哲学として考えていかなくてはならない。

魂とか霊魂とか、その実在性が証明不可能な事例をあげて述べているが、洋の東西を問わず、この不可視な実体を人間は信じ、宗教という得体の知れぬものを創造しなければ生きられなかった。これは謙虚に受けとめるべき難題である。宗教を信じないひとにたいしては、「祈り」とでも言えば納得可能であろうか。

1　錬金術と化学

魔術と錬金術

錬金術は比喩表現としていろいろ用いられていて、一般のひとたちにはたいていよくないイメージで受け止められている。これは魔術にしてもそうだが、魔術と錬金術とでは少々あやしさのニュアンスが違っている。まずこの二つの関係を明らかにしてみたい。

魔術は、自然を探求する学問としての白魔術（自然魔術）と、呪いや降霊術の類《たぐい》の黒魔術の二つに分かれている。錬金術は、白魔術のなかの数ある知識体系のひとつである。

魔術とは、白であれ黒であれ、自然（対象物）にたいして人為的に働きかけ、何らかの効果をもたらす術を言う。決して神的なそれではない。例えば手の延長として鋤《すき》や鍬《くわ》があり、この二つの道具が「自然」に働きかけて土地を耕すという効果をもたらし、これも魔術のひとつなのだ。

錬金術の場合は、対象物は「金属」であり、何らかの効果とは、「金属の変成」である。そして人為的な働きかけのひとつには、「祈り」が数えられるであろう。

端的にまとめると、「錬金術」とは、祈ることによって金属を変成させていく行為（作業《オプス》）であって、変成結果の最たるものが金（money でなく gold）であるので、この翻訳名がついたと考えられる。

卑金属から貴金属へと至る向上的ないし向日《こうじつ》的な作業の謂いなのである。そこに精神的な祈りがかかわってくるので心の浄化が加わり、こちらのほうに主たる意義がある。それゆえ精神面に重点を置くと、原語である（英語で言う）alchemy にたいする筆者の造語だが、錬金術よりむしろ「錬成術」ないし「錬心術」が適していると思われる。

これまでの簡単な説明からも明らかなように、錬金術には、金属変成のための冶金《やきん》術の技術性、祈りが加わるので宗教性、それにこうした一連の過程についての知（知識体系）を支える原理・哲理が不可欠であることが理解可能であろう。もちろん、この三つは突然一度に揃《そろ》って錬金術を構成したわけではない。歴史とそれを育む風土が整ってはじめて成立してくるのである。

錬金術は前述のように英語で ALCHEMY と呼ばれている。もともとはアラビア語である。AL はアルコール、アルカリなどの「アル」と同じく定冠詞で、CHEMY が「金属変成」のこと、つまり「賢者の石」を指している。化学が CHEMISTRY で、CHEMY が入っているので、化学の前身が錬金術と考えるひとが多い。まったくそうではないと言い切れない面もあるけれども、化学が近代自然科学の一分野で開放的・公共的であるのにたいして、錬金術は隠匿秘儀《いんとくひぎ》的で、「公」のキリスト教にたいして「秘」の地下の水脈を生きてきた。それが主にルネサンス期に地上に出るや、キリスト教側から異端のレッテルを貼られた。

語根はKHEMで、エジプトの太古の名称である「黒い土地」の意味だ。アラブ、エジプトが関与して出来上がってきたのが言葉自体からわかり、生まれたのは地中海（沿岸地帯）である。エジプトは太陽の直射をもろに浴びる地域で、その領域の土は黒色だったと思われる。

近代自然科学はアルプス以北で成立していくが、錬金術はアルプス以南の地中海文化が生み出した知の体系だ。

地中海文化はギリシア文明（ヘレニズム）が母体のひとつにもなっているので、ここに四つの土地の文化が重なり合って錬金術が形をなしていったことがわかる。

四つの文化の最もすぐれた面がそれぞれ寄与し合っての合作である。つまり――

エジプト・バビロニア／技術（冶金術）――前十三世紀以降
ギリシア／哲学（四元素・第五元素の理論）――前七世紀以降

エジプトのヘルメス思想／宗教的側面――後一―三世紀
アラブ／硫黄・水銀の理論――後七世紀

十二世紀ルネサンス

ギリシア哲学が錬金術の支柱となっているが、古代ギリシアの哲学が時を経て硬直化してくると、哲人たち（特にプラトン）の教えが形骸化して中身のないものになっていった。そこでエジプトのアレクサンドリアを中心都市として、それに反発する清新な考え方がしだいに生まれ始め、これがヘルメス思想と名づけられた。錬金術は「ヘルメスの科学」とも言われるくらいこれに深くかかわる。やがてイスラーム帝国の領土拡張とともに、アラビア文化に取り込まれ、実験を重んずる彼らの経験主義的な方法意識によっていっそう技術面（冶金術）の練磨に磨きがかかり、哲理と宗教面が培《つちか》われていく。

これが十二世紀ルネサンスによって西欧に入ってくる。十二世紀ルネサンスとは、ギリシア語からアラビア語に訳された文献やアラビア語そのものの文献がシチリア、スペイン、南仏でラテン語に訳された一大翻訳文化運動である。十二世紀ルネサンスがなければ、文化は東高西低のままだったろうが、これ以後ゆっくりとだが文化的にも政治・経済の面でも逆転劇が起こってくる。十字軍（一〇九六―一二七〇年）の遠征による文化交流ももちろん東方の文化の西欧移入の起因のひとつである。結局、ずいぶんと長い時間を経て、現在ではいずれの分野も西高東低となってしまった。

錬金術の場合は、西欧にパラケルスス（一四九三―一五四一年）というスイス人医師が出現したことが大きい。錬金術を改造して（硫黄・水銀の理論に「塩」を加えた――化学史上での「三原質」）医学にも応用範囲を広げた。彼は古代以来の医術の伝統のすべてを破棄した。つまり古代ギリシアやローマ時代の四特質四体液といった四種類のものの不均衡が病気の発症要因であるという説を否定したのだ。水銀やアンチモンなどの治療薬を用いて診療に当たる「医科学派」の祖となり、薬を用いて病気を治すという現代の内科治療につながる手法・理念をはじめて創出した。錬金術の原理が改められたのも言うまでもないが、パラケルススの理論にはまだ中世的残滓があって、解読不能な面が遺されている。即ち、パラケルススは、「病気は環境によるもの、毒物によるもの、体質によるもの、精神によるもの、それに神によるもの」（小長谷正明『ローマ教皇検死録』、中公新書、二〇〇一年）とみなした。

この地中海生まれ、アラビア育ちの錬金術は、一神教的発想をついに持たずに西欧に入ってきた。イスラームは一神教なのに、異教に寛容なこの宗教は、実験や理論面に影響を及ぼしただけで、信仰的局面については異なるものを斥《しりぞ》けることがなかった（この最高例がノルマン朝期の国際都市、シチリア島のパレルモにみられる）。多神教なわけだが、見方を変えれば、「複数主義の知」である。

キリスト教の神学者たちは、ヘルメス思想のなかからそれほど魔術的でない部分を採用して、キリスト教哲学の擁護に努めた。それほどキリスト教神学は弱体化していたわけで、その分錬金術をはじめとした魔術の知が隆盛を極めた。

それはキリスト教徒のうちの一部の知識人の心をつかみ、特にルネサンス期以降は、一群の知識人たちが錬金術の虜《とりこ》になっていった。そこにはすでにキリスト教思想に宗教的な救済を求められなくなったひとたちが出始めていたという精神的な背景もあるだろう。例えばパラケルススの時代には宗教改革が起こっている（一五一七年）。アルプス以南のイタリアでは、マキァヴェリやレオナルド・ダ・ヴィンチが活躍する時期であり、西欧全体の思想潮流が、観想的なものから現実に立脚したものを是とする方向（世俗化）に大きく変わろうとしていた。

錬金術の根源を述べた『エメラルド板』（後述）はわりと早くから西欧に伝わっていたが、キリスト教信仰の堕落とともにその思想が顕現してきて、世界変革のためには自己変革を第一義とするという理念を術師たちは重く受け止めた。

つまり錬金術師は、銅や鉛といった卑金属を金や銀という貴金属に変成させるばかりでなく、魂の救済を錬金術の〈祈り〉に求めたのである。

錬心術という言葉を筆者がこしらえた理由もわかっていただけただろう。錬金術は金や銀を卑金属の燃焼から得る物質的な作業よりも、獣的精神を聖的精神に変容させることのほうを主な目的としていた。

ここに、物質の変成と精神の変容という二つの、複数主義的な面が看取出来よう。卑金属を燃焼させていくと色彩上に変化がみられる。「黒……白……赤」と変わっていく。この色の変化に自己の心の浄化を託して、金属のなかに埋もれた神を一心に救おうとした。金属の裡《うち》の神とは、投影された自己の魂に等しい。つまり自己探求が金属の色彩変化に投影される、と錬金術では考えられた。

三つの基調理念

この基調理念は三つの柱に支えられている。

第一は、地上のものが天界の星や惑星の影響を受けていて、その逆も成り立つという考え方だ。たとえば潮の満ち引きが月の影響下にあることを想い浮かべてみてほしい。専門的に言えば「天地間の照応・感応」である。これは錬金術が単に自己変革によって自分の本性・本質（自分とは何か）を知る術であるだけでないことを的確に物語っている。金属がきちんと変色していくためには、錬金術師自身の内面も変容していかなくてはならない。世界を変革するためには、まず自己が革新されなくてはならないという意味である。裡なるものの改新が外なる世界の改良につながるということで、その逆ではない。

第二は、ヘルメス思想の特色のひとつでもあるのだが、新プラトン主義と同じ、「生命の秩序的連鎖」という考え方である。太陽を「一者」とする太陽崇拝の創造神話の一種だ。

第三は、「反対物の一致」という、一見わけのわからない考え方だが、英語の次の表現の日本語訳をよく考察してみれば理解しやすい。

All you have to do is (to) do ...

① 「君のしなくてはならないすべては……することだ」
② 「君のするべきことは……だけだ」
③ 「君は……しさえすればよい」

all という単語を、内と外から眺めた場合、内側からだと①「すべて」だが、②③だと「だけ」の類の意味となる。「すべて」(全) と「だけ」(一) は反対のことを述べているようだが、結果として一者（一なるもの）と統一（全なるもの）の相互関係が成立し、「全即一、一即全」という思想が完成する。絶対的に完全なるものを探求するわけで、キリスト教的な直線のイメージでなく円環の世界観が現出する。そこでは「一者」の「生命体」がそれぞれに宿るので多神教、つまりアニミズムの世界観が基調となる。

錬金術で考える金属とは、前述したように、「（哲学の）硫黄（霊魂）」と「（哲学の）水銀（精神）」で構成されている（パラケルススはこれに「塩（身体）」を加えて、肉体とした）。

また観点を少し変えてみると、錬金術は工房のなかで営まれる。それは自然界との関係でも捉えることが可能だ。人間の胎児が母体内で生育するのと同様に、金属も工房内で人為的に、自然界で本来成長すべき金属の育成を促進でき、それに要する時間も短くてすむ。つまり土中の鉱物も胎児と同じように「生きている」とみなし得るのである（生気論）。

錬金術の秘儀性

おおまかだが、「錬金術」が「錬金学」にはとうていなり得ないのは、ここまでの論からすると、「それが霊魂のための技術であることによる」と表現してよいのではないかと思う。

古代、中世、ルネサンスと、一般のひとびとは、物質にはみな霊魂が宿っており、純粋に霊的な存在は「神」だけであると信じていた。それゆえ、モノにもみな物質的なものと精神的なものが複数の態で含まれていて、その度合が精妙なものほど高邁《こうまい》な精神性があると言われた。

物質のなかには必ず精神が宿っていた。裏を返せば、物質から精神が抜け切ってはじめて、近代科学が生まれることになる。しかし「術」の世界では、重点の置き所がべつであっても、二つは分離することはなかった。

工房のことをラテン語で laboratorium と表記するが、この単語は labor（労働）と oratorium（祈禱室、礼拝堂）の二つのラテン語の組み合わせである。錬金術師の作業場（工房）自体に、「祈り」なる精神的用語が含まれている。「労働」とはむろん肉体的なもので、卑金属を貴金属に変容させる冶金術を指している。その作業場が「祈りの場」でもあるのなら、錬金術が精神性を重んじた、複数主義的な術であることが理解されよう。

逆になぜ祈りが必要なのかと問えば、鉛が金になるためには祈りが入用であること、つまり、祈りなくしては鉛が金にならない――即ち金には絶対なり得ないから「祈る」のであって、不可能を大前提とした苦渋の祈りとも察せられる。

それをあえて錬金術師たちは実践した。その結果会得できたものは、術師たちの精神の浄化にほかならない。浄化には水か火を用いるであろうが、歴史的起源からして冶金術を含んでいる錬金術には火が用いられた。
竈《かまど》を前にして術師は祈りながら金属を加熱する。この二つが同時に進行していくので、術師の「祈り＝精神」が、金属に投影され、金属に色の変成がみられる。

黒色化《ニグレド》――白色化《アルベド》――赤色化《ルベド》

と変色していく。

ただし、こうしたことが本当に生じるかどうかは不分明である。しかし錬金術師の目標とするところは、あくまで金属の変容に精神の浄化が投影されていくことの確認であって、みずからを術中に置く秘儀的《オカルト》な面がうかがえる。否定的な言葉を当てれば「自己満足」であろうが、肯定的な言辞では「自己発見・自己実現（完全な金になること）」なのだ。

加熱の三番目の赤色化《ルベド》は、したがって自己完成、神との合一を意味してもいる。つまり「金を得た」ことの類似《アナロジー》なのである。

ニュートンの場合

ところで、錬金術は、既述したように地中海が生んだ文化である。それが十二世紀ルネサンスで西欧へと流入して、少しずつ根を下ろしていった。そしてルネサンス期に見事に花を咲かせた。

イギリスの経済学者ケインズ（一八八三―一九四六年）に「最後の錬金術師」と呼ばれた、古典力学の確立者でもあるニュートン（一六四二―一七二七年）の人生の前半は、オックスフォード大学数学科教授だが、他方で錬金術に没頭していた。後半は造幣局局長だった。

ニュートンの生きた時代は、前近代から近代への過渡期だった。彼は十七世紀前半のフランスの哲学者デカルト（一五九六―一六五〇年）を祖とする合理主義の管下にあった。ニュートンは、錬金術にたいしても合理的精神で臨んだ。合理主義的に実験や検証を重ね、金属変成が実現可能であることを証明しようとした。錬金術に手を染めた、という点では「前近代的」ではあったが、その手法は「近代的」であり、そのありようは両義的そのものだった。そもそも近代物理学の基礎となった万有引力の発見についても彼は、物質の内部に存在する「エーテル（プリマ・マテリア、第五元素、第一質料）」が遠方の物質に作用した結果が引力だ、と推察した。引力の発見には貢献したが、その発想の淵源はわれわれが想い描く近代自然科学者のそれとは著《いちじる》しく異なる前近代的な思考であった。彼は両義的人物だったのである。

これらの逸材たちについて詳細に論ずるには紙幅が足りないので、その種の本、例えば、チャールズ・ウェブスター（一八八六―一九六一年）『パラケルススからニュートンへ』（金子務監訳、平凡社選書、一九九九年）をあげておくにとどめよう。おそらく錬金術と言えばパラケルススの研究がいまでも中心であり、日本でも彼の原著は数冊翻訳されている。内容は象徴的・暗示的できわめて難解である。筆者にとって読みやすかったのは、大槻真一郎・澤元亙訳『奇蹟の医の糧』（工作舎、二〇〇四年）であった。

錬金術は、キリスト教に禁止されながらも、暗黙のうちに表立って盛行をきわめた占星術とは少々違って、その原理が一般のひとにはなかなか理解出来なかった。また運命を占うといった身近な問題とは無関係で、むしろ錬金薬《エリキシル》という不老長寿の、これも金の生産よろしく万病に効くとは名ばかりの完全性を当てこんだ薬品の製造に術師たちが専心したがゆえに、一部の知識人の作業となった。

これまで錬金術の精神面を強調したが、やはりこれは技術であるので、ある基本的な原理に則って作業が行なわれる。それは錬金術の歴史的起源に多分にかかわってくる。ギリシア文化を占有してしまうアラビア文化をも大きな枠内に含めることが仮に可能だとしたら、ヘレニズム（ギリシア風）文化の一端に錬金術は位置すると言えよう。

古代、ナポリ以南の南イタリアは「マグナ・グラエキア（大ギリシア）」と呼ばれていて、プラトン、アリストテレス以前のピュタゴラスをはじめとする多くの自然哲学者たちはこの地で生まれて活躍した。ギリシアの植民市が点在して、ギリシア文化の影響下にあった。

したがって話は何世紀も飛ぶが、十五、十六世紀のイタリア・ルネサンス文化運動とは、

「まえがき」や「序章」でも記したように、キリスト教（ヘブライズム）に支配されていた文化のなかに、ヘレニズムの文化が割り込む形で入っていったか、地下の鉱脈から湧き出てきたか、いずれにせよ、二つの文化が融合した折衷・複数文化だと言えるわけである。それにはキリスト教への（というよりはカトリックの総本山としての、腐敗してゆくローマ教会への）疑念が伴っていた。そこに、（アラブ文化を吸収し、ギリシア人のローマ帝国である、ビザンツ帝国の文化も内包した）ヘレニズムの文化は実に新鮮に映ったことであろう。

その最たるものが、十五世紀フィレンツェの哲学者マルシリオ・フィチーノがラテン語に訳出（一四六三年）した『ヘルメス文書』である。

錬金術は別名「ヘルメスの科学」とも称されている、とは既述のとおりである。ヘルメス思想の根本を述べているものと考えても間違いではない。その核となる文言が以下に掲げる『エメラルド板』（ヘルメス自身がエメラルドの板に刻んだと言われているもの。十二世紀にアラビア語からラテン語に翻訳されて西欧にもたらされた）である。

『エメラルド板』

はじめに原文の直訳を紹介し、その次に解説的な意訳を試みてみる（番号が付されているが、これは原典に従っている）。

一――こは真実にして偽りなく、確実にしてきわめて神聖なり。
二――唯一者の奇蹟の成就に当たりては、下なるものは上なるものの如く、上なるものは下なるものの如し。
三――万物が一者より来たり存するが如く、万物はこの唯一者より変容によりて生ぜしなり。
四――太陽はその父にして、月はその母、風はそを己《おの》が胎内に宿し、大地は乳母なり。
五――そは万象における完全なる父なり。
六――その力は大地の上に限りなし。
七――汝は、火と大地を、精と粗を、静かに巧みに分離すべし。
八――そは大地より天に昇り、たちまち降りて、優と劣の力を取り集む。かくて汝は全世界の栄光を己がものとして、闇はすべて汝より離れ去らん。
九――そは万物のうちの最強者なり。すべての精に勝ち、全物体に浸透するが故に。
十――かく、世界は創造せられたり。
十一――かくの如きが、示されし驚異の変容の源なり。
十二――かくて我は世界霊魂（叡智）の三部分を備うるがゆえに、ヘルメス・トリスメギストスと呼ばれたり（ヘルメス・トリスメギストスとは、三倍も偉大なるヘルメスの意）。

十三――太陽の働きにかけて、我は述べしことに欠く所なし。

〈解説的意訳〉　（　）内は筆者の説明

あなたはつねに真実を語り、じつに神聖この上ない方です。あなたは信じられないことをなさいますが、それは宇宙の事象と地上の現象が相関関係にあることを示してくれるときです（天地照応、マクロコスモスとミクロコスモスの照応・感応）。この世のあらゆる現象は一なるもの（一者）に端を発していて、その一なるものが形姿を変えている、と私たちの目には映るのです（一者の円環・循環）。森羅万象は私たち人間の類似でもありますから、この宇宙も含めて、太陽（火）は父、月（水）は母で、風（空気）はあなたを胎内に宿して、乳母である大地（土）からの稔りであなたを育ててくださいました（四元素の原理）。

こうして成長したあなたはこの世で最も完璧な父であって、その威力たるや、大地を支配下に置き、はたまた、人間の文化的営為の始原と思《おぼ》しき火と、自然の源である大地、精妙なるものと粗雑なるものを、巧妙な術で分離することも出来るのです（蒸留の作業）。

またあなたは天地間を自由に往き来して、事実の優劣を見定め、世界のひとびとの蒙《もう》を啓《ひら》いて栄光に浴させ、万有を明るく照らす役を果たします。それゆえあなたこそ、万物のなかで一等力強い方で、その威力を武器に全個体に浸透する（精霊《スピリト》・精気。聖霊ではない）ことも可能です。世界の創造はあなたのこのような術で創造されたのです（創造神話）。全く驚くべき技《わざ》で、既存の世界を変容させた仕掛け人なわけです。

全世界の物体に浸透したあなたは、個人の霊魂とはべつに、世界霊魂《アニマ・デル・モンド》の異名を得て一なるものの叡智の三部分（最高の哲人、最高の神官、法の執行者）を補う始原の神学者とみなされています。太陽の恵みに誓って、以上の物語に嘘はありません。

「叡智の三部分を補う始原の神学者」こそ、「ヘルメス・トリスメギストス（三倍も偉大なるヘルメス）」である。

おおよその内容はつかめたと思う。これは、中世西欧の錬金術思想に決定的な影響を与え、十二世紀ににラテン語に訳出されている。

「あなた」とは、「最強者」であって「全個体に浸透する」という。たとえば、「酒」の類を想像してみればわかりやすい。酒は外から体内に入ってきて、個人差はあっても酔いをさそう力を持つ。

病院で注射をされるとき、「アルコール綿」で肌を消毒される。この「アルコール綿」の日本語の本式名称は、いまではすたれてしまったけれども、「酒精綿」と呼ばれる。アルコールの染みた綿で肌をこすられると、ひんやりする。これは外からの力が肌に作用しているからである。明治期、それまで日本に存在しなかった抽象的概念や、『解体新書』でのように、人体の各部の名や、目新しい物品の名を翻訳する作業は並の苦労ではなかったに違いない。医療用語とて同じであろう。

「アルコール」は「酒精」とされた。そこで、「酒」と「精」の項を英和辞典でじっくり読んでみると、「酒 alcohol」の原義は、「精留した酒の精」と記されてある。「精 spirit」は、まず周知の「魂」からはじまって、「精霊」「聖霊」「精神」ときて、九番目あたりに「蒸留酒」「火酒《かしゅ》」(ウォッカ、焼酎の類のアルコール度の高い蒸留酒)とある。「酒精綿」とはじつに的確な訳語である。「酒」と「精」は、同一の意味で重なり合う部分がある。「浸透する」のは、既述のとおりやはり「外から」で、それは「酒」に似た効果がある。

そこで意識してほしいのは、spirit の訳語に、「精霊」と「聖霊」の二つがあって、「聖霊」は the Holy spirit の謂いである。即ち、キリスト教系の用語なのだ。「父と子と聖霊と」のうちの三位一体の「聖霊」を意味している。

ルネサンス文化が、ヘブライ文化のなかにヘレニズムが割り込んできた、あるいは中世より地下の鉱脈を流れていたヘレニズムが表面化した、融合・折衷・複数文化である、ということは、先に述べた。「精霊（精気）」のほうはヘレニズムに属するのである。

ラテン語で「スピリトゥス」、イタリア語で「スピリト」は、キリスト教の同語同音である「聖霊」と、きちんと区分けしなくてはならない。

『エメラルド板』のほうの「あなた」、つまり「スピリト」はギリシア語で「プネウマ（気息＝息）」の意味でもある。これが凝固したものが「賢者の石」と言われる。錬金術師たちは何よりもまず、この「賢者の石」を手に入れようと努めた。この術はスピリト（息）を固体化することだが、気体をどうやって固体に出来るのか。仮に成功したら、術師はある秘訣を体得したことになり、換言すればそうした憧れを抱かせる「賢者の石」こそ、世界の知の根源の比喩的存在であり、キリスト教神学の盛んだった中世では「賢者の石」がキリストそのひとのアナロジーとして掌握された。

照応・感応の思想

『エメラルド板』の大半に登場する「あなた」は、一種の触媒、たぐい稀な力を持ち、天地間に満ち、万物に浸透してそのモノをそのモノならしめる、スピリトのことだとわかる。そのスピリトの凝固した「賢者の石」も触媒と言えよう。

掉尾《とうび》近くの、「世界の創造はあなたのこのような術で創造されたのです」という文言の中核は、一種の世界創造の神話だ。つまり、『エメラルド板』は、唯一神のキリスト教とは異なる、「複数形」の汎神論的世界創造論だと考えられる。

ところで、こうした内実のなかから「化学」が生み出された。『エメラルド板』の第七項目の「精と粗を、静かに巧みに分離すべし」という「蒸留」の過程を述べた部分が、主観を排した客観的な近代科学の一分野となる化学として成立する。また錬金術に特有な「物質の変成」も化学へと昇格することになる。

二つとも化学史の一端を形作っていて、今日でもその意義は深い。

さて、「精霊《スピリト》（精気）」について説明したが、『エメラルド板』が錬金術の基本文献である所以《ゆえん》はこれだけではもちろんない。こうした文章もあった――「宇宙の事象と地上の現象が相関関係にある」と。「下なるものは上なるものの如く、上なるものは下なるものの如し」である。これは古代より存在している大宇宙《マクロコスモス》と小宇宙《ミクロコスモス》の照応・感応の思想を述べている（天地間の照応の思想）。平易な言い方をすれば、マクロコスモス（天上界）の世界の動きが、ミクロコスモス（人間界や自然界）に映し出されている、それと同時に、その逆も起こっている、という意味だ。

錬金術の場合、これが、物質（金属）界（ミクロコスモス）の変成と、精神（祈り）（マクロコスモス）の深化となって顕われてくる。さらに敷衍《ふえん》すれば、「この世のあらゆる現象は一なるものに端を発していて、その一なるものが形姿を変えている、と私たちの目には映る」という文言からは、この世には、キリスト教の神のようであるがそうではない、「一者」という存在があって、その一者の分身が流れ出て、一者が万物に宿っていく、という「生命（霊魂）の秩序的連鎖」の理念が読み取れる。「一者」が森羅万象に留まるわけだから、唯一でなく複数となって、唯一神のキリスト教からすると異教（多神教）となる。

これより、「万物の統一」、「照応・感応」の原理が導き出される。それは、「一即全、全即一」――一者の遍在で、換言すれば、生死円環、両生具有《ヘルマフロディトゥス》といった「対立物の一致」となって、一元論の世界を形成している（図1参照）。

図1　ウロボロスの蛇

図の「ウロボロスの蛇」はキリスト教では悪役だが、錬金術では「尾を貪り食うもの」の意味で、尻尾をくわえた輪の状態で、始まりもなければ終わりもない、循環（円環）の思想を表現している。全が一を作り（流出）、一は全影響を与える（還元）との思想をも提示している。

対立物（例えば生と死）の一致が可能であること、近現代風に表現すれば、正反合によって新しく整理された順序が生起することでもあって、金の探求と同じく完全、完璧なるものの希求である。こうして得られた秩序をわれわれ人間は神とみなしてきた。錬金術師は物質のなかに（キリスト教とは違った）神を求めてまずその神を救おうとし、その次に自己の救済があった。

他方、キリスト教では、神によって人間が救われることが第一義であった。双方には明白な相違点が存在したわけなのだ。

2　占星術と天文学

すたれない占星術

ここで次に、白魔術の知のなかで最も重要な意味をもつ天上界（星界）について考えてみたい。人間は自然（宇宙）を棲家《すみか》としていて、自然に内包されている。宇宙自体も生き物である。その宇宙のなかでひときわ人目を惹くのは、やはり可視的な光を放っている星であろう。宇宙が生き物であるかぎり、星も生きている。そうなれば、生きている宇宙（自然）に包まれている人間は生き物である星辰の支配を受けるわけだ。人間の生み出したあらゆる知や学問も影響を受けることになる。星に宿る「神智」（sapienza）と人間の生み出した「人知」（scienza）とは照応し合うのである。これは太古以来、ひとびとが思い感じていた素朴な心情であろう。

星にたいするこうしたひとたちの意識が、天界にたいする知と技である占星術を生み出すことになる。アビ・ヴァールブルク（一八六六―一九二九年）に言わせると、占星術には創成期の頃より二つの知的前提があるという。ひとつは「理論」として明確な輪郭のもとに宇宙の永遠の法則を見出そうとするもの。またひとつは「実践」として宇宙の悪霊を恐怖し、宗教的な因果律を統括する術を考え出すものである。

前者は特に数学的な計算の発達とともに、やがて天文学へと発達していく学的な知であり、自然にたいする人間の飽くなき探究心を具現するものだ。後者は人間の心情に深く根ざして、心の平安の維持、社会的不安の除去などといった宗教性を増していった。そして両者を根底で支えているのは、マクロコスモスとミクロコスモスの照応、感応の構図である。こうしたひとびとの心底に横たわる占星術的意識にたいして、中世キリスト教会では、たとえ異端といえども排除し切れず、キリスト教と共存という形で迎え入れることになる。

夜空を巡る規則正しい天体の運行をみているうちに、人間は天には何か支配的な霊があるのではないかと思うようになった。天界全体を調和のとれたひとつの音階とみなしたピュタゴラス（前六世紀頃に活躍）学派（数を万物の原理とした一派で、肉体のなかに閉じ込められた魂を戒律的生活や学問によって浄める種類の宗教のグループでもあった）のひとたちの考えにも、心情的に頷《うなず》けるものがある。さまざまな神を地上に創造したギリシア人が、天上にも同様に神々を設けたのも自然なことであった。神話に登場する神々を天体に当てはめることで、天体の神格化が行われた。時代が下ってストア派（ゼノンに始まりローマ時代に及ぶ哲学派。「自己」と「魂」を重視し、いかなる逆境にも崩れない「自己」の確立をめざした）が登場すると、神格化が合理的に正当化される。宇宙の星が神格化され、神々が宇宙の力を顕現するなら、神話は権威あるものとして位置づけられるからである。

もともとストア派自体が宇宙をひとつの生き物と考え、その根源を火とし、火は星のなかに棲《す》まい、したがって星こそ理性的な生き物で、天上も地上の事物も星の気息《プネウマ》の支配を受けるとして、占星術の知的前提を推し進めたのであった。さらに、二世紀頃に活躍したプトレマイオスが『四書《テトラビブロス》』を著わして、占星術を万全なものとした。

その名のとおり四つの巻からなるこの小冊は、各惑星の持つ力と性質、黄道十二宮（第一巻）、宇宙空間の各星への割り当て、時間と空間の星との関係、天体の出来事への影響

（第二巻）、ホロスコープ、家庭、健康（三巻）、金運、結婚運、子ども運（第四巻）といったように、人間に及ぼす星辰の感化に的を絞って話を進めている。星が地上の森羅万象にいかに影響を及ぼすかを全面的に探究しようとしたのではなかったが、ひとりひとりの人間にたいする星の影響を探究することはやはり占星術の真髄なのである。

東方では、すでに『四書』以前にペルシャの太陽崇拝、バビロニアの星辰崇拝といった宗教が決定的な影響をひとびとに与えていた。カルデア人は、天体を人間と帝国の運命を司《つかさど》る至上の神とまで崇《あが》めた。こうした教説の普及の背景には、古代世界の没落への不安が潜んでいたと考えられる。アウグスティヌス（三五四——四三〇年）は今日まで続いている惑星週七曜を採用したが、これなども地上の運営を天界の運行に合わせて不安感を解消しようとしたひとつの顕われではあるまいか。

キリスト教とのかかわり

一方、以上の動向にたいして、三一三年ローマ帝国に公認されたキリスト教徒が反発しないわけがなかった。キリスト教側にしてみれば、地上の万物が星辰（神々）の支配を受けるという教説は、結局、自然のなかに神を認めて自然を神格化することとなり、これはとりもなおさず、造物主のかかわりに被造物を崇拝することにいきつき、キリスト教の教義に反してしまうからである。そして、このように天体を崇拝することは、人間の一切の自由意志を否定し、悲観的宿命論をたどることになると反駁《はんばく》した。

しかしながら、こう論難するキリスト教自体のなかにすでに占星術的要素が多分に含まれていた。四世紀の中葉、ローマ教会が十二月二十五日をキリストの誕生日に公式決定したが、土着信仰にとってこの日は、新しい太陽の一年の運行を開始する日で、まさに太陽の誕生日であった。この特定の記念日に意味が重なり二重化したわけである。

キリスト教はみずから折衷を行なわずにはいられなくなる。そこで、全知全能なる神の崇高にして永遠なる神慮を媒介するのが星で、その神慮が星によって人間に表明される、とした。また、天体の全能の神々の異端的イメージを、一段劣った悪霊に貶《おとし》めて、それらの神々の力を抑制して受け容れようとした。具体例として『黄金伝説』I（ヤコブス・デ・ウォラギネ著、前田敬作・今村孝共訳、人文書院、一九七九年）の「聖ベネディクトゥス」の章に、ベネディクトゥスが「カシヌス山（モンテ・カシーノ）にきたとき、偽神アポロンの神殿を聖ヨハネの礼拝堂として聖別（一般的・世俗的使用から神霊的用法に区別すること）し、その付近に住むひとびとを偽神崇拝から改宗させた」と書かれている。この場合、偽神アポロンが一ランク見下されたのである。

しかし教会関係者たち、例えばトマス・アクィナス（一二二五―七四年）などは、人間の自由意志によって左右されたものを除いて占星術の導入を認め、さらに星に支配された情念《パトス》に盲目的に追従しないならば、星を利用することはかまわないという意見だった。

惑星と学問の照応

大学でも教授されていた占星術は、キリスト教誕生以前にすでに生じていたあらゆる学問と深いかかわりを持っていた。人間が星辰の支配を受けている以上、人間の知的営為である学問の原理が影響を受けるのはとうぜんと言えよう。そのひとつの顕著な例として、知識と天体との完全なる一体化を志向する百科全書的な知のありようが生まれてくる。古代にあって学問がそれぞれ黄道十二宮と結びついて考えられていた。

十三世紀初頭まで生きたアレクサンデル・ネッカム（一一五七―一二一七年）は、『事物の本性について』で、天の音階について思索し、七惑星を自由七学芸（三学＝文法・弁証術・修辞学、四科＝算術・音楽・幾何学・天文学）に結びつけて、自由七学芸を聖霊からの賜物《たまもの》と位置づけた。彼は人間の自由意志を除いて下等生物への惑星の感化を信じてもいた。

当時は医学の分野でも天界の影響は甚大で、例えば黄道十二宮の各宮は人体のどこかの部分を司り、各惑星はいずれかの器官や手足を支配していた（図2参照）。また、熱・冷・湿・乾の四特質のうち湿に支配されていると考えられていた月が患部の属する宮のなかに

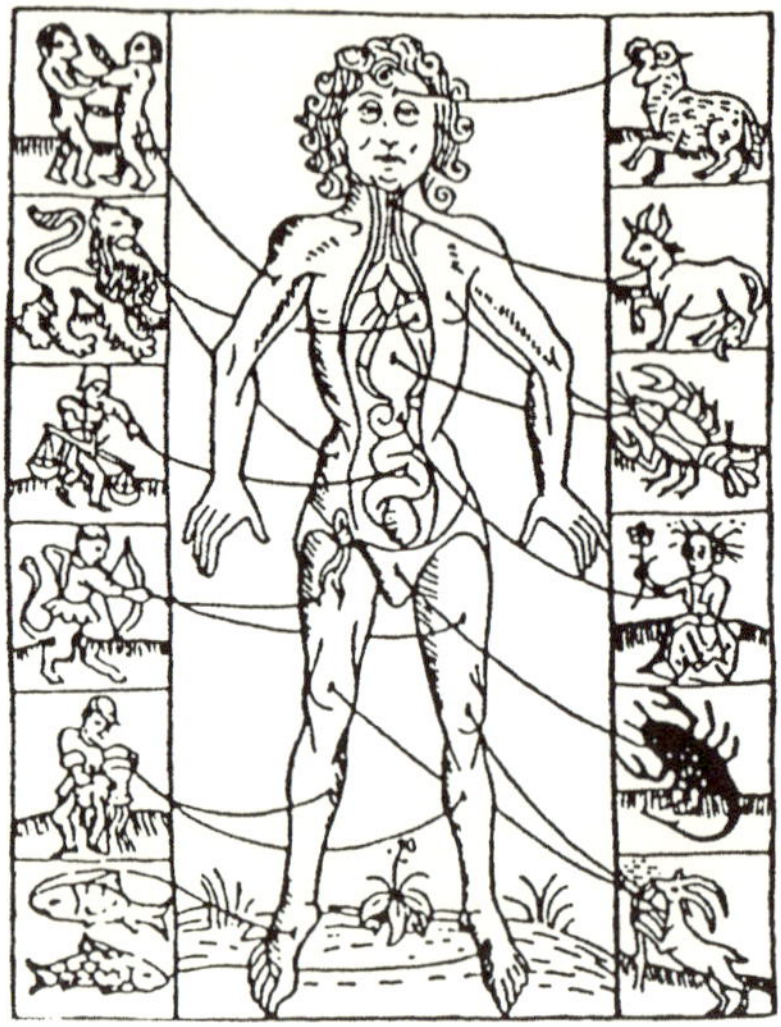

図2　人体とつながる黄道十二宮

宿ると、月の湿気により併発症が生じる恐れがあるので手術は不可能とされた。マクロコスモスとミクロコスモスとの照応の思想が明らかに顕われている。

このほか十三世紀には、博物誌的な『亀鑑』を著わしたヴァンサン・ド・ボーヴェ（一一九〇頃―一二六四年）や、同様に意図された『宝鑑』の著者であるブルネット・ラティーニ（一二二一―九四年頃）がおり、彼の友人に詩聖ダンテ（一二六五―一三二一年）がいる。

ダンテは『神曲』で遍《あまね》く知られているが、ここではむしろ百科全書的著作を目ざした書である『饗宴《きょうえん》』のほうが重要である。なぜなら、その第二巻第十三章以降に、天上界と自由七学芸との照応の理由が述べられているからである。

ダンテの場合、「地上の楽園」より上の天上界は十段階に分かれている。アリストテレスが八段階、プトレマイオスが九段階なのにたいし、ダンテは九つの天上界の上に至高天ないし天堂を設けて十段階としている。『饗宴』にもこれと同様に天上界が論じられている。そして前述のように天上界と学問の照応を述べるのだが、その際ダンテは「直喩《シミリトゥーディネ》」という表現を用いている。まず論拠が三つあげられる。

第一の相似点は、天圏も学問も一なる不動者を中心に互いに回転していること。天界はいずれもその中心の周りを動き、その中心は動かない。同様に、いずれの学問もその中核を中心に巡っていて、中核は動かない……。第二の相似点は、ともに光をもたらすものであること。天界の光は事物を可視的にし、学問の光は事物を理解可能にする。第三の相似点は、享受の意のあるものには完璧さを与えること。

ダンテにとって一なる不動者とはキリスト教の神である。学問は神と同様に中核を持っていて円運動をする。そして光が不明な点を透視して、完全な人間に仕立て上げる。ここで学問というものが単に啓蒙的な役割だけでなく、「徳」の完成による調和を企図したものと考えられていたことがわかる。知識が人間性の完成へとつながらなければ、ダンテにとって学問は学問の意義をなさなかったのであろう。

次に彼は自由七学芸を七つの惑星天に（月と文法、水星と弁証術、金星と修辞学、太陽と算術、火星と音楽、木星と幾何学、土星と天文学）、形而上学を含む自然哲学を恒星天に、道徳哲学を原動天（ダンテは諸学問のうちで「道徳哲学」を第一義とした人物なので恒星天の上に原動天なる天球を設けたと思える）に、神学を至高天ないし天堂（ダンテ存命中は、神学があらゆる学知の頂点にあって、哲学、その他の学知はその下僕だったし、至高天こそ見神の天球であった）に喩えている。そしてそれぞれの照応の理由を、惑星の有する独自な様相、天界での位置などと諸学問の特徴を結びつけて語っている。

　月と文法では、陽光によっていろいろに変化する月の明るさが、一方の側で、あるいは他方の側で輝きを発するように、文法もさまざまな語彙《ごい》や語形変化をすること。

　水星と弁証術では、水星が天界のなかでいちばん小さな星であることと、弁証術が学問のなかでいちばん領域が狭いこと。また水星が太陽の光に最も強く被われていることと、弁証術が他のどの学問よりも詭弁的で不確実な議論に被われていること。

　金星と修辞学では、金星は明るく、眺めていていちばん甘美であることと、同様に修辞学も甘美で特に理解を旨とすること。また金星は朝夕の二回現われるが、同様に修辞学も、聴衆の面前で話しかけたり文字の背後から語りかけたりすること。

　太陽と算術では、太陽が他のすべての星に光をもたらすことと、同様に算術も全学問の光であること。また太陽は肉眼では眺められない。同じく算術（数）が無限であること。

火星と音楽では、次の二点が挙げられる。まずこの二つがきわめて美しい関係にあること。そして火星は五番目の惑星に相当している点だ。つまり、最初の二つ（太陽の下である、月天・水星天）、第二の二つ（太陽と位置的に対等である、金星天・太陽天）、第三の二つ（太陽の上である、木星天・土星天）、及び、第四の三つ（恒星天・原動天・至高天）の「中途（太陽の上）」にあることとである。次に、火星の熱が火に似ているがゆえに物を乾燥させ、燃やすこと。蒸気の濃淡によって、灼熱されていたり、その逆であったりして現われる点。音楽の調和《ハーモニー》美と火星が醸《かも》し出す色彩の豊かさが連想されていること。

木星と幾何学では、素晴らしい特質を持つ木星の外側を劣等な土星が、内側を劣悪な火星がまわっていて、木星が二つの惑星にはさまれて動いていること。幾何学も、点と円で成り立っていて、ユークリッド（前三〇〇年頃）が述べているように、円の発端が点であって、点が動いて円をなすゆえに、この学知も点と円の二つの要素で定まっていること。

土星と天文学では、土星は十二宮を一周するのが最も遅いことと、同様に天文学は習得、精通するのにいちばん時間がかかること。また土星は他の天球のなかで一等高い位置にあることと、同様に天文学はアリストテレスの言うように、扱う対象の高貴さと正確さの点できわめて崇高であること。

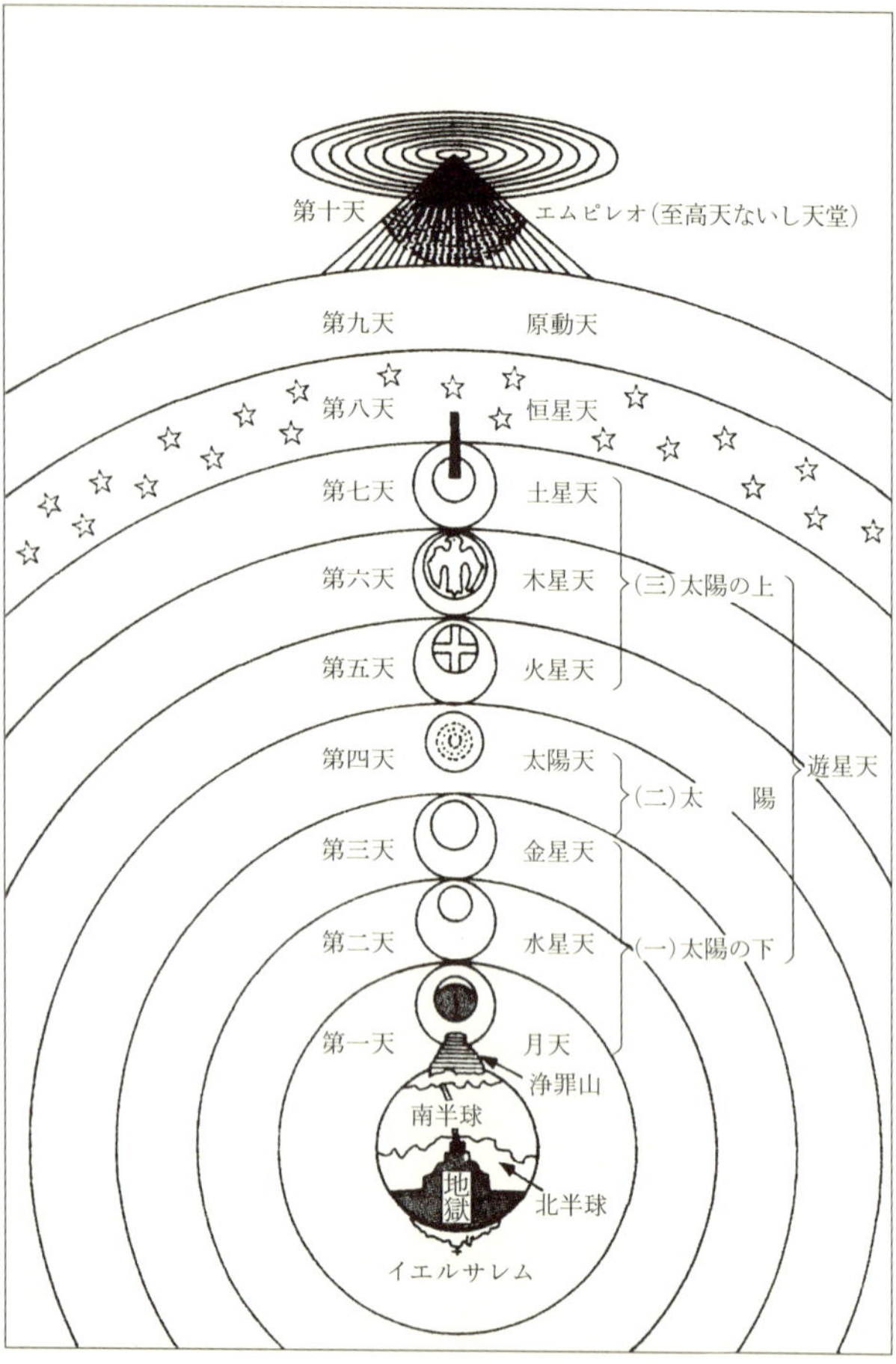

図３　ダンテ『神曲』の宇宙像（イエルサレムから至高天まで）

恒星天と形而上学も含む自然哲学では、理学（自然科学の基礎部分）と形而上学とみなされる神的学問が呼応している、とのこと。

原動天と道徳哲学では、原動天が他の天体に日々の回転を命ずること。同様に道徳哲学は対象である徳を活用することで地上での幸福を確約すること。

最後の至高天ないし天堂と神学では、ともにもっぱら平安に満ちていること。

以上、天界と学問との照応の直喩的理由の例を略述してみた。ダンテは地上での実践的な学問を観想的な天上界と結びつけて認識し、その類似で知の一体性を強調している。占星術の影響が敬虔《けいけん》なキリスト教徒ダンテの心底にまで滲み入っていた状況が手に取るようにみえてくる。

『ピカトリクス』――実践的呪術

ダンテは一二六五年生まれだが、その九年前の一二五六年にアラビア語で書かれた一冊の本がスペイン語に翻訳されて西欧世界に流布し、占星術の深化に貢献することになる。古代ギリシアの医学者ヒポクラテスの名をひねった『ピカトリクス』（二〇一七年四月、八坂書房より大橋喜之氏訳で原典ラテン語からの待望の翻訳が刊行された）と呼ばれるこの書物は、星辰崇拝を基調とした黒魔術的な実践的呪術論であった。

ルネサンス期で最も重要な魔術のマニュアルとなったこの本は、一方で人間にたいするときの現実を、他方で世界での人間の位置を教え諭《さと》した。ミクロコスモスとしての人間は星辰との新たな連動《コンビネイション》を保ちながら活動することが可能なのである。そのためには「霊」の歓心を買い、「霊」の力を利用すること——惑星が霊魂であるかのように、その力を借りて呪術を行なうために惑星に祈らねばならない。

おお月よ、輝ける、誉《ほま》れ高き、美しき者、汝、汝の光にて闇を砕く。東の方より出で、汝の光と美によりて地平を遍《あまね》く満たすとき、身を低めし余の願いを聴き留め給え。

『ピカトリクス』では、このように星辰に祈りを捧げてデーモンを呼び醒ますことと、星辰の神々の似姿を宝石に刻みつけて護符を作ることとが魔術的手続きであった。例えば土星の像としては、右手に杖、左手に槍を持って竜の背に直立し、黒い服と豹の皮を纏《まと》っている男が刻まれた。これで広大無辺な魔術的効力を発揮すると考えられた。

占星術は中世をたくましく生き続け、やがてルネサンス文化に流れ込んでいく。この経緯をブルクハルトは『イタリア・ルネサンスの文化』のなかで次のように述べている。

皇帝フリードリヒ二世はお抱えの占星術師テオドルスを連れて歩くし……王侯だけではなく個々の市や自治体も、正規の占星術師を雇っておくし、諸大学には、十四世紀から十六世紀まで、この妄想科学の専門の教授が、しかも本来の天文学者とならんで任命される。歴代の教皇は大部分、公然と星占いを信奉する。

（柴田治三郎訳。傍点引用者）

占星術はカトリック総本山の主であるローマ教皇の心さえも魅了している。王侯も貴族も、一般の知識人も文化人も、そして庶民や市民層に至るまで、当時のひとびとは天界との対話を愉しみ、かつ天に何事かを恃《たの》んだと思われる。そういう単一ではすまされないものを呼び込む何かが社会背景として介在していたのかもしれないが、むしろ天界との対話、そこから生ずる一体感が、ひとびとの精神のありよう、人間の存在理由への理解だったと考えるべきだろう。それは、われわれが食事のときに箸を用いるのと同様、ごく普通のことだったのではないだろうか。

「秩序」の探究と「運命」の予言

占星術と天文学の違いはどこにあるのか、ということをいよいよ考えてみたい。きわめて安直な回答として、占星術は迷信（魔術）の類で、天文学は科学的な学問であるとの見方がある。しかし事態はそれほど簡単ではない。

両者ともに、恒星、惑星、太陽、月などの天体現象を計量観察する点ではほぼ同じである。だが、占星術のほうは、そこで得られた観察結果を軸に地上の出来事や人間の運命を予言しようとする実践的な知識であり、その知識に基づいた術なのである。

他方天文学のほうは、観察結果を数学的に捉え直し、宇宙を物理的に解明してひとつの世界像を特定しようとする学知である。実践的であるまえに理論面に比重が置かれている（さらに世界像でなく世界観を志向する学問となると、それは自然哲学と呼ばれて、もっぱら宇宙の秩序《コスモス》の探究を主題としてかかえた宇宙観《コスモロジー》を扱う学知となる）。

要するに占星術とは、その成立経緯が天文学や自然哲学よりもいっそう人間の側に引きつけられており、心情的、主観的な面が強調される。占星術の種類として、全般占星術（国家、都市、宗教、戦争、飢饉、物価などを占う）、出生占星術（妊娠、誕生時を基準に個人を占う）、質問占星術（さまざまな質問に答える）、選択占星術（物事を始める適切な日を選ぶ）の四つがあるが、みなひとの世の出来事に関係しており、わけても「運命」にひとびとがいかに関心を寄せていたかがわかって興味の尽きないところである。

占星術は「運命」を天体の動きによって特定していく術であり、こうした術に専心することは人間に本来的に備わっている「自由意志」の参入を認め得ない悲観的宿命論に陥ることになる。「自由意志」の否定のもとに占星術ははじめてその存在意義を明確にするわけだ。この思想は、人間の「自由意志」を是認する立場のキリスト教の反発を食らうことになる。

占星術の技術面

ところで、占星術は古代バビロニアで成立した(前三〇〇〇年頃)と言われており、ヘレニズム期のギリシア文化圏で天体の神格化がなされるとともに知的な思想体系となり、その後の宗教、哲学、自然科学に絶大な影響力を持つに至る。すでに古代バビロニアでは、天体の運動(マクロコスモス)が地上の人事や出来事(ミクロコスモス)と照応関係にあるという思潮が成立しており、天体の運行に地上的な意味が付与されていた。そのため高度な思考力や観念力が必須で、占星を行なう専門家である占星術師の誕生をみることになる。

天上界と地上界との照応・感応の思想は、古代ギリシアのピュタゴラス学派によって理論的に深められる。そして古代の占星術は二世紀頃に活躍したプトレマイオスによって完成される。彼は天文学者として大著『天文学大全』を著わしたことでも有名だが、占星術書としては既述の『四書』を遺している。ひとりの人間が天文学者と同時に占星術師でもある奇妙な現象がみられるが、近代科学成立期に活躍したティコ・ブラーエもケプラーも、天文学者にして占星術師であり、この二つの知は分かちがたい両義的な関係を保っていた。『四書』はその後イスラーム世界を経て、十二世紀前半ラテン語に翻訳されて西欧に紹介され、占星術の聖典的な価値を担うことになる。

ここで技術的な面からみると占星術は、黄道十二宮と天球の十二の「家」という二種類の異なった体系と、この体系の惑星の位置ないし惑星相互の位置関係（星相）を経緯として、それらの組み合わせを軸に成立している。

ちなみに黄道十二宮は、太陽が十二カ月で一周する天の軌道（黄道）を、春分点からはじめて十二個の長方形に区切って、この区切りを「宮」としたものである。それぞれの区切りのなかは、（動物などの形にその名の由来を持つ）星座に基づいて命名されて、獣帯《じゅうたい》（ゾディアック）と呼ばれる。

即ち、牡羊《おひつじ》座―白羊《はくよう》宮、牡牛《おうし》座―金牛《きんぎゅう》宮、双子《ふたご》座―双子宮、蟹《かに》座―巨蟹《きょかい》宮、獅子《しし》座―獅子宮、乙女座―処女宮、天秤《てんびん》座―天秤宮、蠍《さそり》座―天蠍《てんかつ》宮、射手《いて》座―人馬宮、山羊《やぎ》座―磨羯《まかつ》宮、水瓶《みずがめ》座―宝瓶《ほうへい》宮、魚座―双魚《そうぎょ》宮である。

十三世紀頃から占星術は一般のひとたちや貴族階層の日常生活に深く浸透し、宮廷では多くの占星術師が雇われ、君主や貴族の相談役を担った。

前述のとおり、マクロコスモスとミクロコスモスとの照応・感応の思想は当時、種々な知の分野に及んでおり、例えば医術では黄道十二宮の各宮が人体のどこかの部分を司っており、各惑星もいずれかの器官と四肢を支配していた（一一二頁図2参照）。

ルネサンス期の重要な魔術の教本である古代ギリシアの医学者ヒポクラテスの名をもじった先述の『ピカトリクス』も照応の思想に基づいた実践の書であり、ミクロコスモスとしての人間は星辰と和することで、人間と星がネットワークを保持することとなり、その種の能力を持つひとが魔術師とも称された。

学化

本章の主題である「術と学」とは、ルネサンス期に、「術」であった分野がやがて「学」として成立するに至る過程を突き止めることを狙いとしていた。そこに〈境界〉を見極めようとしたわけだが、決まって両義的要素がかかわっていた。例えば、古代から医術と呼ばれていたものが医学へと格上げされる際に、錬金術という複数主義的段階を踏んだように。ただし、その錬金術がすべて化学に移行したのではなく、その一部が化学史に足跡を留めただけであるように、術から学への移動を安易に認めることは危険だ。

聖書にも登場する「悪魔」を「悪魔学」とした事例も付加しておきたい。これは「魔女」の基準を定めるための学化であった。聖職者でもある悪魔学者たちは、『魔女に与える槌《つち》』（一四八六年）という女性蔑視の書物を書いて、学の名のもとに現実と超現実、自然と超自然、可視的なものと不可視的なものの際《きわ》を見定めようとした。そうした人物が「魔女狩り」を実行したわけだから、学化の負の面が露わになってしまい、見苦しくて容認しがたい。

つまり、学化とは言葉によって表現される普遍的理性であるロゴスの誕生を、その善し悪しはべつとして意味する。また、「術」を合理的に思考することで、いわゆる「学知・学問」の成立をみることにもなる。

宗教は、「宗教」だけだと信仰や祈りの意味合いだろうが、「宗教学」となると、宗教の社会的営為を指す。

「神学」も、「神」の合理化なのだろう。理性が加味されて、スコラ神学のように、信仰（心・祈り）と理性（頭脳）の調和といった無理難題な理念が出来あがってくる。

「宗教術」、「神術」――という術語はないが、学化しても、術的面がなにがしか存在していないと保てない局面が「学」にはあるのかもしれない。つまり、両義的な「術」が消えないのである。

こうした、隠微な術にひとびとが惹かれるのは、明るく公開的な近現代の世にあって、夜のような暗さが絶えず訪れなければ、いつのまにか「不満」が身心に巣くうからであろう。闇夜を生きる術はやはり必須なものだと考える。

本章では、「術」と「学」という視点から、ルネサンスのうちにいまでは相反すると言われているものが共存していたこと、しかもどちらが支配的となるか明確でない未決のまま共生していたことをみてきた。異なるものの共存・共生がこの時期の文化的様相であることを納得していただけたと思う。

第二章　中世からルネサンスへ

本章では、イタリア語で「小話、説話」を意味する「ノヴェッラ」を取りあげて、中世末からルネサンス初期までの、ノヴェッラに写し取られた変革期のひとびとの風景を眺めていきたい。ノヴェッラの時代に走る〈境界〉を見出すことが出来るだろうか。

「ノヴェッラ」については、米山喜晟《よしあき》・鳥居正雄共著『イタリア・ノヴェッラの森』（非売品、一九九三年）という最適な書がある。

まず「ノヴェッラ」はどういう文学形式を指すのか、当該書には英語のイタリア文学辞典の定義として以下のような少し長目の紹介がなされている。

その出典が伝統的文学（寓話、騎士道長編詩、滑稽物語）、民間伝承（民話、おとぎ話）、または聖者伝、教訓実話を含めた宗教関係の文献にまで及んでいる、豊富で多様な文献に遡及される散文形式。その物語は広範囲から集められ、短く、時間と行為の統一という概念に準拠した記述形式に書き改められて、単一のプロットと直接的な語りのスタイルを持っている。その公認された意図は、読者を楽しませること、啓発、教化することとである。その登場人物は主に商人階級または支配階級であるが、人生のあらゆる分野の出身者である多種多様な登場人物が、日常生活のドラマを舞台にして表現されている。

（D. Dutschke, *Dictionary of Italian Literature*, 1979, p. 360）

要約すれば、主に商人階級を主人公とし、多種多様な人物が登場するプロットとスタイルをもった短い散文、を指していると言えよう。イタリア文学史上、はじめてノヴェッラが誕生するのは、十三世紀末の頃であって、『イル・ノヴェッリーノ *Il Novellino*』という作品がそれに該当する。これはトスカナ方言（現イタリア語のもととなった言葉）で書かれた最古の作品で、全百話で成り立っている。百話という点では、五十余年後の十四世紀中葉に完成したボッカッチョ著『デカメロン』と相通ずるものがある。

事実、『イル・ノヴェッリーノ』のなかの数篇はより具体的、リアリスティックに、ボッカッチョによって書き改められて、『デカメロン』に採用されている。

これら共通の小話を読み較べてみると、たった五十余年の間に、叙述形態がいかに変容をとげたかが看取される。まさに時代の思潮の変移がうかがい知れるのである。

イタリア語というのはフランス語やスペイン語と同じく、ラテン語の方言（俗語）であるが、その俗語が用いられた文学作品の成立には時間がかかった。これ以前、フランスのプロヴァンス地方の叙情詩が北イタリアで人気を博し、プロヴァンス語で詩を書くひとびとも現われた。十三世紀初頭のことだ。

イタリア独自の言語による叙情詩の伝統は、シチリアのフェデリーコ二世（一一九四―

一二五〇年）の宮廷に端を発している。それがシチリア派と呼ばれる詩人たちの一派を形成し、その後北イタリアのトスカナ地方まで伝播し、韻文学として「清新体派」に結実する。清新体派は恋愛について清澄《せいちょう》な謹直さ、正確で誠実な表現を旨とした。詩聖ダンテが登場する前段階に当たり、『神曲』はラテン語ではなくこの俗語（イタリア語〔トスカナ方言〕）で執筆された叙事詩である。

本章で言及する散文による文学作品（以下、散文学と略記）のほうは、その初期のものはフランス語やラテン語からの翻訳も含んでいた。フランス語からの翻訳書は主として物語文学に、ラテン語からの翻訳書はイタリア語散文の発達に多大な影響をもたらした。

第1、2、3節で扱う散文学は、これらの翻訳文学から、さまざまな社会的変化を背景としながらゆっくりと発展してトスカナ方言として実を結んだもので、現代のイタリア語を熟知していれば充分に読解可能なものである。

第1節では、『イル・ノヴェッリーノ』誕生と生成の文学的・社会的背景を問う。読者の便宜をはかるために百話を分析した表もつけ加えておいた（一九五―二〇五頁）。第2節では、「三つの指環《ゆびわ》」の説話が時代ごとにどのように描かれ、価値を与えられてきたかを、その変遷をたどりつつ、ノヴェッラ自体の変化にも着目して探ってみる。第3節では、『イル・ノヴェッリーノ』と『デカメロン』で活写された都市を例に、中世末からルネサンス初期に至る文学作品での都市描写の変容をみつめてみる。

そしていずれの場合でも、複数の文化の位相が存在し、複数主義的な視点が必要であることを例証したい。

1　『イル・ノヴェッリーノ』の意義

陳述的作品

文学作品がどれほど時代というものに依拠しているか。その依拠している程度を判断した場合、作品の価値の測り方、評価はどのように変わるのか。

詩や小説や戯曲などの虚構的分野、つまりある一定の作為のもとに書かれた作品（叙述的作品）では、近代以降、誰が作者かは明瞭で、それもおおかたひとりであるから、作者の履歴や資質、作品との相関関係を調べて検討すれば、現実とのかかわり合いの深度の理解もそれほど困難ではなかろう。

しかしながら作者が不明であったり、たとえわかっていても、そのことが作品内容に関与しなかったりする場合はどうなるのであろうか。

いまその代表的な例として説話をあげてみるが、どこに線を引いて依拠率を測定したらよいか戸惑いを覚えてしまう。なぜなら説話は、虚構とも実話とも判別のつけ難い「言い伝え」を作者が書き留めて口頭で語る「陳述的作品」だからだ。

説話形態の作品では、作者の意図はその話の内容それ自体よりも編纂の段階で入り込んでくると思われる。

作者の属している階層、政治・文化意識が、巷間で語られている話を掬《すく》い上げる際におのずと現われてくる。

十三世紀末（一二八一年から一三〇〇年のあいだ）に編まれた俗語（トスカナ方言）による最初のノヴェッラ集『イル・ノヴェッリーノ』には、聖書やアーサー王物語など古代・中世の逸話から採られた話もあるが、ほとんどが当時のイタリア人が好んで話題にしていた小話を集録したもので、作者・編者は不詳である。

この時代のイタリアはコムーネ（十二、十三世紀のイタリアの北・中部の自治都市を指す）文明の時期に相当する。その代表的な都市フィレンツェも神聖ローマ皇帝フェデリーコ二世（在位一二一五―五〇年）との抗争を経て、都市力を増してきていた。

一二五二年　フィオリーノ金貨を鋳造。
一二八二年　都市制度の改革（大組合と小組合の執政官に市政を委任）。
一二九三年「正義の規定」の公布、つまり「正義の旗手（国家主席）」制度の導入（組合に加盟していない封建貴族を公職から追放）。

組合《アルテ》に基を置いた新しい知識層による都市運営が始まり、旧来の門閥貴族が組合に加入して執政官《プリオーレ》に選ばれたとしても、勝手な行政は出来ない仕組みになった。

一二九八年にはライバル都市シエナの最大手銀行ボンシニョーリ銀行が倒産して、金融市場にフィレンツェの名が轟《とどろ》く時代がやってくる。

このような政治経済的状況を背景に形成された知識人層が、どのような内実のものかはおのずと明らかになるであろう。

それはコムーネ文明を育成しつつ見守っていく一方、豊かな商業資本を後ろ楯として次第に保守化していった新たな貴族層である。十三世紀後半のコムーネ強化期を生きた彼らは、従来の貴族層に対抗するために、富裕層市民《ブルジョアジー》と結び、下層労働者階級とも連携を辞さなかった。

旧来の影と新しい時代

もちろん旧来の知識人も存在している。それは旧い時代（中世的封建社会）の影を引きずりながらも、新しい時代（初期資本主義）の光の差し始めた両義的な時期と重なる。

いま例に挙げたのはフィレンツェであるが、『イル・ノヴェッリーノ』がフィレンツェ人によって編まれたかどうかの確証はない。モンテヴェルディ、サンソーネ、セグレらの研究者は、トスカナ語で『イル・ノヴェッリーノ』が書かれているので、著者ないし編者はフィレンツェ人だと述べているが、学界の異端児ファヴァーティは、むしろ北イタリア、特にヴェネト地方の人物の手になるものではないかと述べている。それは、『イル・ノヴェッリーノ』中フィレンツェを扱った話が後掲表でも明らかなように十話に満たず、登場人物にエッツェリーノ・ダ・ロマーノのような北イタリア人が多いことを理由としている。はじめヴェネト語で書かれ、後にトスカナ語に書き改められたのではないか、と主張している。

いずれにせよ、こうした変革期を映し出したものが、俗語による口碑を採録した、未熟な散文作品であったことは、散文というものの性格も自然と明白になって興味深い。

『イル・ノヴェッリーノ』第1話に言う（底本には、チェーザレ・セグレ、マリオ・マルティ監修『十二世紀の散文』、一九五九年所収の『イル・ノヴェッリーノ』を用いる)。

神が人間の言葉で語り、舌は心の度合いを超えて喋ると告げました。……それゆえ高貴で上品な方々は、お話をなさるときにいつも教養のないひとたちの鑑《かがみ》となるようになさいます。ですからその方々の言葉は敬重され、なおのことお話の仕方も繊細になるのです。ここに、才智あふれる方々の過ぎし日々の振る舞いをもとに、詞華、栄えある礼儀、問答、勇敢な行為、立派な賜物、素敵な恋愛について、私どもはいくばくかを思い出そうとしております。さすれば高貴な御心、鋭敏な知性をお持ちの方なら、近い将来手本とすることも出来ましょうし、知識のない方、知識を求めている方々のためにもお役に立つ箇所を論じたり、お喋りをしたり、物語ることにもなるでしょう。……

第1話は別表にもあるように『イル・ノヴェッリーノ』編纂の意図を述べたものであり、高貴な言葉や行為を伝えようという編者の考えが明確に記されている。

中世的封建社会、騎士道社会の懐古や賛美とも受け取られかねないが、『イル・ノヴェッリーノ』百話を読み終えたあとの実感としては、騎士道的美徳や古代の賢者の知恵を讃えることによって、新しい時代に対処する術《すべ》を教え諭そうとしているということだと思われる。

時代の変革期にあってとうぜんみられる価値観の転換、社会体制や世相の混乱などから、あるべき生き方を求めるひとびとの声に応ずる書という役割も、『イル・ノヴェッリーノ』は担っていたに違いない。

第1話から読み取れることは、このノヴェッラ集が〈exemplum（鑑・教訓的逸話）〉の書を目ざしているということで、したがってそれは教導的な説話・逸話集であることを期待させる。しかし、読み進むうちに、その「exemplum」が、胎動する新社会をまえに動揺していることがみえてくる。そして新しい芽を認めざるを得なくなっている。

前時代の「徳」に身を置くことで、物の道理を説く話もあるが、それとは逆に新興社会のほうに肩入れをしたエピソードも登場してくる。こうした揺れのなかで読者が感ずるのは、編者が意識しようとしまいと、話の内容や筋に内在する「寓意性《パロディ》」である。

「寓意」に託す

寓意とは一種の仮託表現だ。

現実から一歩引いて社会を捉えており、そこに知的操作が施され、諷刺が生まれてくる。

諷刺されているもの、皮肉られている事柄を具《つぶさ》に検索すれば、作者の拠って立つ足場が浮き彫りにされる。

『イル・ノヴェッリーノ』の場合、現在の読者をも首肯させる寓話（例えば、第5話の子どもの育て方、第14話の女の色香）をはじめとして、息子の不倫を扱った父子同士での「目には目を」的なもの（第15話）、僧侶の堕落を皮肉ったもの（第91話、第93話）、強欲な商人を扱ったもの（第97話）などがあって、神性を尊重したもの（第37話）も含めて、編者が宗教の聖性を重んじていることがわかる。この点、新しい時代を担う商人たちと一線を画している。

しかし、これらの寓話で編者は何かを象徴しようとしているわけではないようだ。『デカメロン』（第一日第三話）にも採られて有名な、『イル・ノヴェッリーノ』第73話の「三つの指環《ゆびわ》」の逸話も、指環に仮託してキリスト教、ユダヤ教、イスラームの平等性を述べているにすぎない。

宗教の寛容という抽象的内容が主題であるにもかかわらず、読み手の心を突き抜けて訴えかけてくる観念力を感じさせないのは、さきにも触れたように、叙述形態でなく陳述形態のせいなのかもしれない。

文体にもその点は顕著である。

形容詞が量的にも種類においても少なく、動詞と副詞を多用して人物の行動を写し取っていく、余計な情緒など省いた即物的な文体は、聞いてすぐに納得のゆく語り調そのものである。悪く言えば素っ気ないそうした文章にも、短剣のような鋭い諷刺の切れ味を求めることは出来ようが、深遠な精神を裡に含んだ象徴性を見出すことは至難だろう。とはいうものの、その種の文体は明瞭な語りという点では秀抜である。よく引用される第46話の「ナルシス」のエピソードを味読してほしい。

第46話　ナルシスが自分の影に恋をした話

ナルシスはたいへん美しい青年でありました。ある日、たまたま美しい泉の傍らで休んでおりました。泉をのぞくと、ひじょうに美しい自分の姿がみえました。それを眺めていて彼は嬉しくなりました。泉のなかの顔は自分とそっくりだったのです。彼は、水のなかの影も生きていて、そこに棲まっていると思い、自分の影だとは気づきませんでした。青年は影に心を奪われて、抱き寄せたいほどいとおしくなりました。手を入れると水はみだれて影は消えてしまいました。泣きだした彼ですが、水面は再び静かになって、泣いている影が映りました。ナルシスは泉に身を投げて、溺れ死んでしまいました。

季節は春でした。女たちが気晴らしに泉にやってきて、美男のナルシスが溺れ死んでいるのをみつけました。悲嘆にくれた女たちはナルシスを引き上げて、岸にしゃんともたせかけました。愛の神にこの話が伝わりました。愛の神は青年の遺体を、緑濃く高くそびえ立つ、高貴なアーモンドの木に変えました。その木は、春いちばんに花が咲き愛に若い血潮を与える素晴らしい木となりました。

皇帝フェデリーコ

次に百話中最高傑作とされる第21話を取りあげてみよう。この小話には黒魔術師（降霊術師）と皇帝フェデリーコが登場して、魔法にかけられた家臣の「長い歳月」が描かれている。

ところで試訳するまえに、以下のことをあらかじめ述べておこう。『イル・ノヴェッリーノ』では皇帝フェデリーコの登場する話が複数にのぼっている。しかしそれが、かの赤髭王の異名をとったフェデリーコ（フリードリヒ）一世（一一二二―九〇年）のことか、「最初のルネサンス人」と称された孫のフェデリーコ（フリードリヒ）二世のことか、そのいずれであるかは判別しにくい。おそらくフェデリーコ二世の話が大半を占めると考えられるが、一篇のなかに両者が混じっている場合もあって（例えば前半部と後半部でべつのフェデリーコといったように）特定しがたいのが実情である。

ここでは、語られているのは『ノヴェッリーノ』の編纂時期にも近いフェデリーコ二世であると仮定して話を進めることとする。

そこで、フェデリーコ二世の人物像を説明したほうが、第21話も理解しやすいであろう。皇帝自身は詩作を奨励するとともに、数学・天文学・錬金術・占星術・解剖学などの、アラブ経由の「科学」（「術」）に多大な関心を寄せている。これは当時のアラブ文化の影響力の強さを見事に示している例である。当時、これらの分野では、イスラーム圏の水準のほうがはるかに上であった。皇帝は、「十二世紀ルネサンス」という一連の翻訳文化運動のなかで、皇帝の母方でノルマン人の祖父ルッジェーロ二世（一〇九五―一一五四年）と同様、ギリシアの知的遺産を救ったアラブ民族から、実験を礎とする帰納法的な自然研究方法を習得した。特に皇帝は、その非凡な才能でもって、アラビア精神の息吹を西欧精神に融合した。帝の素養となっていたはずの、「ギリシア・ビザンツ的なもの、古代ローマ的なもの、キリスト教的・西欧的なもの」にアラビア的なものが加味されなければ、「ノルマン的遺産、幼少年期の印象、オリエントの経験（帝は十字軍を興し、無血のうちに一二二九年、聖地奪回に成功している）」も活かされなかったであろう、と『アラビア文化の遺産』の著者ジークリット・フンケ女史は述べている（高尾利数訳、みすず書房、二〇〇三年）。ともあれ皇帝フェデリーコ二世は、複数の教養を止揚出来る稀代の能力の持ち主だったと考えられる。

皇帝は、いち早く西欧の城廓に輪状の塁壁で囲まれたアラビアの建築思想を採り入れて、中心部を円形から四辺形に変えてしまったり、アベロエス（イブン・ルシュド、一一二六―九八年）の二重真理説（学知と信仰の真理は別個）をスコットランド人ミカエル・スコトゥスを介して知り、これを容認したりした。アベロエスのアリストテレス註解の結実とも言えるこの教説は、スコラ学、そしてナポリ大学の学風に甚大な影響を与えている。要するに、これによってアリストテレス哲学が受容されていくのである。

それでは第21話へと入っていこう。

伯爵の旅

第21話　三人の降霊術師がフェデリーコ帝の宮廷にやってきた話

皇帝フェデリーコはきわめて英邁《えいまい》な君主だった。

腕自慢、芸達者が至るところから集まってきた。皇帝がそうした者たちを笑顔で迎えたからで、皇帝のもとには楽士、吟遊詩人、噺家《はなしか》、魔術師、馬上槍の勇士、剣士、その他あらゆる技芸に通じる者たちがやってきた。

ある日、皇帝が水を張った鉢で手を洗っていると、三人の降霊術師が訪れた。挨拶を受けると皇帝はすぐに、「三名のうちで師は誰か」と問うた。ひとりが前に進み出て、「陛下、わたくしでございます」と応えた。

皇帝は、術をみせてほしい、と懇《ねんご》ろに頼んだ。

三人は呪文を唱えて術をかけた。

とたんに空が曇り始め、にわかに雨が降り、雷光がいくたびも走った。この世の破滅が到来したような凄《すさ》まじさだった。雹《ひょう》が、鉄兜を打ち破るほどに降ってきた。

騎士たちは宮廷内に駆け込んだり、あちらこちらへ逃げ隠れしたりした。

と、天気はからりと晴れ上がった。

術師たちは暇乞《いとまご》いにきて、報酬を求めた。

皇帝が「なんなりと申してみよ」と言うと、ちょうど皇帝の傍らに控えていた、サン・ボニファツィオ伯爵をみながら、

「陛下、このお方に、われらが敵との戦いの援軍となっていただきたいので、そう

お命じ願いたく存じます」

皇帝は伯爵に言葉丁寧に命令を下した。

伯爵は三人の術師とともに出発した。

三人は伯爵を美しい町に連れていって、血筋の正しい騎士たちに引き合わせた。駿《しゅん》馬《め》と精巧な武器を準備してあげた。

「みんなご自由にお使いください」

と言うと、敵前へと案内した。

戦《いくさ》が始まると、伯爵は敵を敗走させて土地を解放した。三度戦って、三度とも勝利を掌中にした。領地を得、妻《めと》を娶り、子も儲《もう》けた。そして領主として長い歳月を過ごした。

何十年か経って、術師たちが戻ってきた。伯爵の子はもう四十歳になっていた。伯爵も老いていた。

舞い戻ってきた術師たちは、

「われわれが誰かおわかりですか。皇帝陛下にお会いに宮廷に帰りたくはないですか」

伯爵は応えた。

「帝国はすっかり変わってしまいました。人臣も新しくなっていることでしょう。どこに帰るというのですか」

術師たちは、

「とにかく、お連れ申したいのです」

四人は出発した。長い時間歩いた。

宮廷に着くと、皇帝と重臣たちがいて、皇帝は手を洗っていた。あたりは何十年かまえに四人が出かけたときと同じだった。

皇帝は伯爵に一部始終を語らせた。

伯爵は物語った。

「それから妻を娶り、息子も生まれました。いまは四十路《よそじ》の身です。三度の戦いがありました。世の中は一変してしまいました。いったいこれはどうしたことですか」

皇帝は嬉々として、この間の事情を重臣や騎士たちに、伯爵に話して聞かせるように言った。

この小話はいったい何を伝えようとしているのか。時間を超越し得るほどの皇帝の徳《ヴィルトゥ》か、単なるエピソードか、それとも家臣に対するブラック・ユーモアか。あるいは、ピラトの手洗いか（ピラトはローマ帝国第五代ユダヤ属州総督〔在位二六―三六年〕。新約聖書のなかでイエスが無罪であることを知っていたにもかかわらずイエスの処刑に関与したと描かれる。手洗いを装ってイエスの処刑を黙認した）。降霊術師たちの術はどこからどこまでか。一読して不思議な感覚にとらわれる怪奇な、それでいて魅力的な小話である。

第94話にはキツネ、ロバ、オオカミが登場し、さらに現実社会に立脚したテーマも提示されている。さながらイソップ寓話の世界である。『イル・ノヴェッリーノ』全体を構成する話には後述するようにほとんど明確な主題が存在し、ひとつひとつのエピソードも表情が豊かでおもしろい。立場をいろいろ変えて読み込めば、鋭利な寓喩《アレゴリー》を看取し得る小気味よい小話群である。『イル・ノヴェッリーノ』としてまとめられて、生成流動する十二、十三世紀の時代色を映していると言えるし、またそうしたことを可能とする構成がとられている。

編者が同時代の登場人物よりは一昔前の著名で有徳な人物、あるいは古代のひとびとの話題を集めてきたこと自体、時代へのひとつの皮肉・警告だとも受けとめられる。

もとより、ある話が民間伝承と呼ばれるに至るまで流布するには、一定の時間が必要であり、採録時にはすでに歳月が経過していることは言うまでもないが、それに加えて、右のような意図が感得されるのである。

『イル・ノヴェッリーノ』が過渡期を体現する作品ならば、編者はそこに生ずる新旧の時代のズレに身を置いて縦横無尽に作品を編纂したと思われる。

「前近代的」な小話と「次代的」な逸話の例を挙げてみよう。

前者では、第6話が妥当だろう。傲慢なダヴィデ王が臣下の人数を誇ったことに神が怒って天使を派遣する。天使の言葉にダヴィデ王はすべて神に一任すると答える。すると神は「疫病」を送って人口を減らした。ある日ダヴィデは、抜き身で人を殺しまくっている天使をみかけ、自分を先に殺してほしいと訴える。これに感心した天使は殺しをやめた――旧約聖書の登場人物で、たいがい優れた王様として描かれるダヴィデ王の傲慢と神の憤《いきどお》りを描いている。

後者では、第86話がよいかもしれない。ジェノヴァで飢饉が起こった。市当局はガレー船や水夫を雇い、市民たちに港に行けば当局からパンを差し入れすると発表した。みんなが港に集まった。彼らは、国外の者、ジェノヴァ市民、子供のいる女の三つに分かれて船に乗せられた。船はサルディーニアに向かった。それでひとびとはジェノヴァの飢饉から救われた――コムーネの存在が確かに感得されるし、当局が市民を大切に扱っている様子も伝わってくる。

登場人物の分析とテーマによる仕分け

こうした時代的な複数性、見方を変えれば、作者ないし編者の両義的意識は、エピソードの雅俗性にも関係してくる。第1話での主旨説明（一三五頁）でも明らかなように、貴族層の洗練された世界を写し取ることをめざしながらも、同時に上流社会の卑俗、卑猥な話（第57話）にも目を配っており、建前と本音の二つが表われ、ときに交差し合って作品世界の層の厚さを実感させる。

いまだ理念化されていない時代意識をすっぽり写し取ることは、進展期の作品に課せられた宿命とも言えるだろう。しかしその分、ダンテの『神曲』のような、中世の集大成的な確定的要素は持たないのはとうぜんであって、幸か不幸かそれが『イル・ノヴェッリーノ』の柔軟さ、新しさであって、わけても語り調散文の可能性を示していると。『イル・ノヴェッリーノ』の百話を分類する場合よくみられるのは、登場人物の出自、典拠による区分けである。

1　皇帝（アレクサンダー、トライアヌス、シャルル・マーニュ、フェデリーコ等）

2　為政者、政治家（ジョーヴァネ・アル・サラディーノ、シャルル・ダンジュー、エッツ

エリーノ・ダ・ロマーノ、スルタンのサラディン等）
3　神話・伝説上の人物（ヘラクレス、ナルシス、アーサー王、トリスタン、イゾルデ等）
4　賢人・哲学者（ディオゲネス、キケロ、カトー、ソクラテス、アリストテレス等）
5　聖書中の人物（ダヴィデ、ソロモン等）

しかし今回、筆者はべつの方法を用い、人物による分類と合わせて全体を整理してみることにした。

主題別の区分けである。

主に取りあげられるテーマをみると、「賢明」、「寛容」、「機知」、「滑稽」、「慈悲」、「徳」の六つである。これらは読み手である筆者の主観的な判断に基づいているので、論者によって多少の食い違いはあるかもしれない。

この六つのほかに「神」にかんするもの、「愛」を述べたものなど、テーマは多様だが、六つのものもそれ以外のものも、みな連続して登場することに気づく。これは登場人物による分類でも同様である。

まずテーマのほうだが、後掲表を数字の若いほうからみていけば、「賢明」に始まって、「神」―「機知」―「慈悲」―「寛容」―「知恵・徳」―「神」―「滑稽」と第50話まで

続いて、「徳」や「寛容」が混じり合いながら「恐妻」や「殺人」といったエピソードを経て「滑稽」へとつながっていく。

前半50話までは理念的なものが多いのに比較して、後半は内容自体に具体性が出てきている。

ひとつのテーマについて三つくらいずつ話が続いて次のテーマに移るという形式をだいたい踏襲しているようで、連想の綾《あや》で前後の話が自在に結ばれていて、一見無秩序に並んでいる話にも巧みな編纂意図が底流している。

『イル・ノヴェッリーノ』は宗教説話でも騎士伝説でもなく、編纂の意図で分けると「雑纂」に属すると推察される。こうして多面的な面を持っていて、繰り返せば、それには逸話を収集した時期がそうした時期であったことが背景にあろう。

さらに主役級の人物も、テーマと関連しながら登場してくる。

第3話から第13話までは、第10話と11話を除いて古代の伝説や聖書中の人物の話であり、次にイングランド王の話が二つ続いて、第21話から第24話までは皇帝フェデリーコの話。第40話からは騎士や吟遊詩人などの話が始まる。後半、第66話から古代の哲学者、賢人のエピソードが続く。末尾に近づくと聖職者と農夫（第91話、第93話）や商人と猿（第97話、第98話）の話が出てくる。

テーマ性と登場人物の連関をまとめてみると、前半部も後半部も共通して次の三点に要約される。

1　テーマと登場人物に一定の類縁性があること。

2　前半部、後半部ともに初めのほうに「旧い」時代の登場人物が出てきていること。

3　前半部、後半部とも終わりのほうになると前後の登場人物の関連性が稀薄になり、したがって人物についてまわったテーマも消え、統一性に欠けること。

こうした整理に鑑みると、『イル・ノヴェッリーノ』の編者に体系化への少なくとも意図はあったと考えられる。

これまで概観してきたように、筆者が『イル・ノヴェッリーノ』に見出す意義はもっぱら口碑より生じた散文であることを基として、語りものに内在する体系性と寓意を武器とした両義的・複数主義的時代性・人間意識である。それは作者ないし編者の、署名なき「個我」の反映でもあろうし、その時代のひとびとの生の証《あか》しだとも思われる。

ノヴェッラ novella の文学的ジャンル分けはともかくとして、ノヴェッラが散文芸術の生成過程を体現しており、したがって何かを吸収、解体していく動的な構造を示したジャ

対象と位置づけ、一つの異文化体験として記述することをめざした。「全盲」をフィールドワークするという本書の試みの成否については、読者各位の判断を待つこととしたい。

国立民族学博物館の創設者・梅棹忠夫は六五歳の時に失明し、亡くなるまでの四半世紀を視覚障害者として過ごした。「視覚障害」をフィールドワークする点で、梅棹の『夜はまだあけぬか』（講談社、一九八九年）は、僕にとって先行研究ともいえる。晩年の梅棹は視覚障害という運命を甘受し、目が見えないなりの知的生産を続けた。そのバイタリティには敬意を表したい。

一方、僕は視覚障害者としての天命を自覚し、目が見えないからこそできる知的生産の可能性を探っている。学識と人生経験において、僕は梅棹の足元にも及ばない。だが、「夜があける」ことをひたすら願いながら夜を生きた梅棹に対し、僕は「あけぬ夜」を歓迎する人生を積極的に選んだ。「視覚障害」をフィールドワークする実践という面で、僕は梅棹よりも深い考察ができたのではないかと、密かに自負している。

本書は、全盲者の体験談をまとめた単なるエッセー集ではない。「全盲」という現象をどのようにとらえればいいのか、真剣に模索した一人の研究者の試行錯誤の記録である。全盲者が多数派（見常者）とともに暮らせば、さまざまな異文化接触が生じる。本書は、この接触から何が生まれるのかを紹介する現場レポートともなっている。

「あけぬ夜」は、どこかを見て歩く者にとっては不自由・不便だろう。しかし、どこも見ない者からすると、「あけぬ夜」は意外と居心地がいい時間・空間である。なんだか、少し安易な結論だが、僕はこれからも「目に見えない世界」(あけぬ夜)を歩き続け、その魅力を発信していきたい。時に「どこを見て歩いてるんだ!?」と罵声を浴びせられても、僕は怯まずこう答えよう。どこも見ずに、一歩ずつ前へ足を踏み出しているだけだ、と。

ここまでを総括し、ここからを展望する。本書のあとがきを執筆するつもりだったのに、なぜか「はじめに」という題を付けてしまった。「はじめに」というタイトルのあとがきがあってもいいではないか。ぐるっと回って原点に戻る。最初から最後まで、目次の順番に従ってページをめくるだけが本書の読み方ではない。ぐるぐる回り、行きつ戻りつしつつ、本書を楽しんでいただきたい。このあとがきを初めに読んで、各章を遡るように進んでいくのもおもしろいだろう。いろいろな読み方ができるのが、紙の本ならではの利点である。

ぐるぐる迷走する僕の思考を整理し、一冊の新書にまとめる手助けをしてくれたのは平凡社の金澤智之氏である。金澤さんの的確なアドバイスにより、僕は「ここはどこ?」状態に陥らず、「全盲」をフィールドワークする意義を確認し、その原点に立ち返ることができた。この場を借りて、金澤さんにお礼申し上げたい。本書が「目に見えない世界」の入門書として、多くの読者の手に届くことを切望する。

あけぬ夜も歩けば楽しどこも見ず

二〇一七年一〇月
夜気に誘われ、天を仰ぎつつ

広瀬浩二郎

視覚障害などを理由として必要とされる方に、本書のテキストデータを提供いたします。ご希望の方はメールアドレスを明記し、下記のテキストデータ引換券（コピーは不可）を同封の上、以下の住所までお申し込みください。

〈宛先〉
〒101-0051　東京都千代田区神田神保町3-29
平凡社　新書編集部
『目に見えない世界を歩く』テキストデータ係

『目に見えない世界を歩く』
テキストデータ
引換券

【著者】
広瀬浩二郎（ひろせ こうじろう）
1967年、東京生まれ。国立民族学博物館准教授。13歳の時に失明。筑波大学附属盲学校から京都大学に進学。2000年、同大学大学院にて文学博士号取得。専門は日本宗教史、文化人類学、触文化論。著書に『障害者の宗教民俗学』（明石書店）、『さわる文化への招待』（世界思想社）、『さわっておどろく！』（共著、岩波ジュニア新書）、『知のバリアフリー』（共編、京都大学学術出版会）、『身体でみる異文化』（臨川選書）、『ひとが優しい博物館』（編著、青弓社）など。

平凡社新書862

目に見えない世界を歩く
「全盲」のフィールドワーク

発行日――2017年12月15日 初版第1刷

著者――広瀬浩二郎
発行者――下中美都
発行所――株式会社平凡社
東京都千代田区神田神保町3-29 〒101-0051
電話 東京（03）3230-6580［編集］
東京（03）3230-6573［営業］
振替 00180-0-29639
印刷・製本―株式会社東京印書館
装幀――菊地信義

ISBN978-4-582-85862-4
NDC 分類番号369.275 新書判（17.2cm） 総ページ264
平凡社ホームページ http://www.heibonsha.co.jp/

ンルだということが明らかになったと思う。

2 「三つの指環」の変遷

『デカメロン』の位置

ダンテが中世とルネサンスの〈境〉に屹立《きつりつ》して主に中世の幕を閉じた詩聖なら、ボッカッチョはダンテ的な神の世界を地上に引き下ろして、もっぱら世俗的社会を描いた巨匠だと述べても過言ではあるまい。

ダンテの描く『神曲』の世界が韻文による壮大な天地の旅であり、キリスト教の倫理的な愛の具現であるのにたいし、ボッカッチョの『デカメロン』はひとびとの息遣いをじかに感じることが出来る――食べたり、飲んだり、排泄《はいせつ》したりという、さわめて身近な世界、世相を舞台としており、まさに散文でしか描き切れない開き直った地平を繰り広げている。『神曲』に登場してくる教皇や聖人、聖書中の人物とは違って、『デカメロン』の主人公たちは商人（市民）や町人であり、武人や町のひょうきん者たちである。

しかしだからといって『デカメロン』を近代文学の嚆矢《こうし》と決めつけるのはいったん保留にしておこう。商人や町人は出てくるが、彼らの活躍するエピソード中の時代はおおよそ中世だからである。『デカメロン』研究の第一人者であるヴィットーレ・ブランカ教授（一九一三―二〇〇四年）も指摘するように、『デカメロン』は近代文学の出発点（もちろんそうした面もあるが）というより散文による中世の集大成であり、ダンテが書かなかった中世の世俗的な民衆像をまとめあげつつ、自身の生きた時代にも目配りした、複眼的視座を体現した作品と言えよう。

なぜこれほどまで中世の世俗性を強調するかというと、しごくあたりまえのことだが、神慮の時代と呼ばれる中世でも、ひとびとには飲み食い排泄の生活があったということで、大上段にかまえて神学や哲学を論ずるよりも、そうした日常性に入り込んで時代の精神を汲み取っていきたいからだ。ただ、中世のひとが神のもとに置かれている、ということの真意は、みつめる対象が人間のなかの霊魂に重きが置かれていたことにある。

天才の時代とか人間の発見の時代とか称されているルネサンス期も、おそらくそうした日常の積み重ねのうちにだんだんと新しいものが胚胎《はいたい》していったと考えられる。そして本節では特に、変わりなく移ろう日常の歩み、即ち、その時代の政治・経済・文化のすべてを吸い込み融合していく日常のなかで育まれた「語りもの」（詩歌ではなく散文）の裡に、に、刻み込まれたひとびとの息吹を探究してみたい。

日本と同じく、西欧でも中世期に大小さまざまな説話が生み出されているが、文学的ジャンル分けはさておき、ひとびとの心に滲《し》みてゆき、ある時期に至って書きとどめるという行為にまで浮上していった「言い伝え」の諸位相を解き展《ひら》いていこうと思う。そうした伝承文学のなかには、同様の内容のものが少しずつ形を変えながら異なった時代や地域に登場してくるものがある。それらをひとつながりにみてゆくと、伝承したひとたちの時代意識が鮮明に伝わってくる。

中世キリスト教社会の崩壊とユダヤ人

西欧中世の場合にはキリスト教信仰が一般市民にまで浸透しており、説話のモチーフにも深い宗教性を感じさせるものが多い。

その中世の統一理念たるキリスト教だが、十一世紀末には聖地回復のために十字軍を出すはめになっており、一二九一年にはイスラームのマムルーク朝がアッコンを襲って、十字軍の後裔《こうえい》たちの最後の拠点を奪った。またオスマントルコ民族も、小アジアの東ローマ帝国の城砦《じょうさい》を、一三二六年のブルサに始まって、一三三七年のニコメディアに至るまで陥落させていった。

西欧は以後一五七一年のレパントの海戦でスペインが勝利するまで、イスラーム・トルコ勢力の脅威におびやかされることになる。教会内部でも異端が続出し、僧侶の俗界志向も強まって、規律も揺らぎだしていた。

他方ではユダヤ人にたいする迫害も激しかった。中世、ユダヤ人はギルドから締め出され、やむなく弱小な小売商や金貸しを営んでいた。

一五〇八年にはカンブレー同盟（神聖ローマ帝国皇帝・フランス国王・教皇・スペイン国王の同盟）との戦いにおけるヴェネツィア軍の敗北に続く政治的支配の恐怖下にあって、ヴェロナ、トレヴィーゾ、アゾロの住民は矛先をユダヤ人に向け、彼らの家を略奪し家族を駆逐した。一五一六年からヴェネツィアではユダヤ人は一日中隔離地域で暮らすことを余儀なくされた。さらに一四九八年にはニュルンベルクから、一四九九年にはウルムから、一五〇六年にはプロヴァンス全域から追放された。

これはいわゆる宗教的な非寛容性を示す好例であるが、これからみていこうと思う「三つの指環」の説話では、むしろ排他的な精神を否定しようという動きがみられて興味深い。実際にも、十六世紀末葉まではユダヤ人とキリスト教徒の間には不安定ながらも一応和解が出来上がっていた。彼らには信仰の自由はあったものの、黄色いバッジをつけられて、しばしば突発的で気ままな税が課せられていた。

「三つの指環」の話

ボッカッチョの『デカメロン』第一日第三話は、通称「三つの指環」の物語である。金に窮したサラディンが裕福なユダヤ人メルキセデックから借金をしようと奸策をこらし、「ユダヤ教、イスラーム、キリスト教の三つの律法のうちでどれが真実か」と問う。応えを咎《とが》めて、ゆすって金を借りようと企んだのである。これにたいしてメルキセデックは、特別に美しい高価な指環を所有している父親が、本物と見分けがつかないほどの指環を他に二つ作らせて三人の息子にそれぞれ与えて死んでいった、という話を例えに引いて、父なる神によって三つの民族に与えられた三つの律法も、三人の息子同様その相続権、真の律法を持ち合わせていると応えて難をのがれる。サラディンは感心して奸策のすべてを打ち明ける。メルキセデックは進んで金を貸し、サラディンもきちんと返却する。

このように筋だけ追うと単純な話なのだが、この小話は中世のある時期に書きとめられて説話として昇格し、その後何本もの脈流に分かれてさまざまな歴史風土を経て『デカメロン』という湖水に注ぎ込んでいる。『デカメロン』は中世来の説話の集成、さらに集成形態として理解することが可能であり、その豊かさはそのまま草創期のルネサンスを醸成する文化性にもつながってゆく。

これからその水脈を具体的に挙げて検討しながら『デカメロン』にどう流入し、どのような肥やしとなったかを考えていきたい。それは、ルネサンスと中世の境界に位置する『デカメロン』に折り畳まれた、いくつもの文化の位相を見定めることになろう。「三つの指環」の話の水脈はだいたい以下のとおり。

① アラゴン王のピエートロ（一二七五―九六年）を主人公とする話
② ボルボーネのステーファノ（一一八〇頃―一二五二年、フランスの宗教学者、説教にかんする多くの論考を書いた）が記した説教（一二六一年頃）
③ 『本物の指環の話《レ・ディ・デュ・ヴレ・アノー》』（一二七〇―九四年頃）
④ 『ローマ人の偉業』第89章（十三世紀末―十四世紀初頭）
⑤ 『イル・ノヴェッリーノ』第73話
⑥ グッピオのブゾーネ『幸運なるシチリア人』（一三一六年。ブゾーネはダンテと同時代の政治家・著述家。『神曲』に註釈を施した。『幸運なるシチリア人』は方言で書かれている）
⑦ ボッカッチョ『デカメロン』（一三四八―五三年）第一日第三話（十四世紀中葉）
⑧ レッシング『賢者ナータン』（十八世紀）

①から⑥までの成立時代はルネサンス前夜・中世末期の時代であって、政治的・宗教的意識の変化がおのずと説話の構成・人物像に顕われている。もちろん同じ内容でありながらも、説話の教訓性を書き手がどの方向で強調しているかはさまざまで、これを考察するのも課題のひとつである。

そしてそうした多様性が『デカメロン』におさめられる折にいかなる概念のもとにまとめられて統括、止揚されているのか、それが新時代の何らかの胚芽となっているのか、なり得るかをも省察《せいさつ》の対象としたい。

二つの宗教——ユダヤ教とキリスト教

①アラゴン王のピエートロを主人公とする説話をまず考えてみよう。

ピエートロ王はある日、宰相ニコラ・ディ・ヴァレンツァの助言を得て、賢者として名高いあるユダヤ人を戸惑わせようと企《くわだ》て、ユダヤ教とキリスト教のどちらがすぐれた宗教であるかを問う。ユダヤ人は困惑した顔つきで次のように応える。

「私の宗教が私にとって満足のゆくものでございます。と申しますのは、そのおかげで私はエジプトの奴隷身分を解放されたのですから。王様の宗教は王様にとってふさわしいものです。なぜならばキリスト教徒は地上を支配するに至ったからです」

「しかし余がおまえに尋ねているのは、おまえの信仰とは関係なく最も素晴らしい宗教はどれか、ということだ」と王は応じた。「三日待ってくだされば最良の宗教をお応えいたしましょう」とユダヤ人は言った。

三日後ユダヤ人は王様の前にやってきたが、ひじょうに動揺した表情をしていた。王様は尋ねた。するとユダヤ人が言った。「私は不当にもいじわるをされています。私は王様のお助けがほしいのです。その悩みはこうです。一か月前私の隣人が長い旅に出ました。そのとき留守番の二人の息子をなぐさめるためにおのおのにひとつずつ宝石を遺していきました。今朝二人の息子が私に会いにきて、二つの宝石の効能の違いを教えてくれ、と申すのでございます。私は、どちらがすぐれているかはお父さんにお訊きなさいと申しました。二人の父親は宝石鑑定人ですので、きちんとした理由に基づいて鑑定出来るからです。しかし兄弟は私の意見に耳もかさず私を打ち、侮辱しました」

「おお、その兄弟は間違っている。罰せられなければならぬ」と王様は言った。賢いユダヤ人は応えた。「先日の王様のご質問もこれと変わりません。エサウとヤコブは兄弟でした。二人ともそれぞれ一個の宝石を受け取りました。いずれがすぐれているか知りたくて天の父のもとへ使いを出しました。父なるひとは偉大な宝石鑑定人でした。天の父ならば石の優劣を指し示すことが可能でしょう」

そのとき王様は宰相に向かって叫んだ。「ニコラ、このユダヤ人の賢明さをみたか。いまの返答は栄誉と褒美に値いするぞ」と。

ここには『デカメロン』第一日第三話の原型がみられる。まだイスラームが取り入れられていないが、ユダヤ教とキリスト教とに優劣の明確な判定は下さず、天の父の御心に判断を託した形をとって結びとしている。

挿話を持ち出して相手に是非を悟らせる説諭形式であり、その説諭それ自体が才知の有様を示している。むろん『デカメロン』の結末のように三つの宗教の平等性を明言しているわけではないが、父なる神に判定を委ねたかげには優劣の決定を認めたいという衝動が読み取れないこともない。そしてそれらが平等であるとも格差があるとも言えない視座にこの説話の時代的・宗教的制約がある。

ただし、判断中止の操作を才智で成しとげた妙に意義がある。

②ボルボーネのステーファノと③『本当の指環の話』について考えてみよう。

②のほうはユダヤ教、キリスト教、イスラームといった三宗教を正面から扱うものではなく、ユダヤ教とイスラームをあらかじめ誤りだと決めつけた上で議論を始めており、結局唯一真実な宗教であると考えたキリスト教に敬意を払っている。

③では、本物の指環を所有している第三子に与えられた父からの特権を妬《ねた》んだあこぎな兄二人が、弟をいじめて指環をこわす筋立てになっている。

この二つの話を読んで感じられるのは、キリスト教の正統性を訴えなければならない状況であり、特に後者では、十三世紀末という成立年代も考慮に入れると、キリスト教をおびやかして荒し回る不信人者を兄二人に見立てて、末弟であるキリスト教を救済するため、最終の手段として十字軍を派遣するよう、キリスト教君主たちを促すに至っているように思える。

一〇九六年に第一回が派遣された十字軍は一二七〇年の第七回が最終に当たっているが、両者の説話の成立年代から推しても、当時の西欧の危機意識の反映をそのまま掬《すく》い上げた内容となっている。

もちろんこの場合の危機意識とは、カトリック世界瓦解の一歩手前であり、本来の意味での危殆《きたい》ではないことは確かである。そうした危難意識をあおり立てることがかえって、いっそうカトリック世界の団結を強固にする方向へと向かっていった。

さてこれが④『ローマ人の偉業』になるとどう変化してゆくであろう。④は十三世紀末から十四世紀初頭にかけてイングランドで編まれた教訓的な小話集である。その第89章にこの話が載っている。

ある騎士に三人の息子があった。臨終の床で騎士は長男に家の相続権を与え、次男に宝物を与えた。そして三男には、二人の兄に遺したものよりもじっさいにはずっと価値のある、たいそう高価な指環を譲りわたした。

ところが兄二人も指環を持っていて、三つの指環はみな同じようにみえた。父親の死後長男が言った。「私は父上の持っていたかの高価な指環を所有している」。次男が言った、「兄上も持っているが、それは違う――本物は私のです」と。

これにたいし三男は応えた。「みんな嘘ばかりついています。上の兄上は家をいただいたし、中の兄上は宝物を譲り受けました。だから私が最高の値打ちの指環を持つべきなのはあたりまえのことなのです」。長男は応えた。「ためしてみよう、本物の指環には並々ならぬ力がそなわっていることを」。二人は同意した。

　こうして何人もの病気のひとが病をいやすために三人のもとへ連れてこられた。二人の兄の指環は効能がなかったが、末弟の指環はひとびとの病気を治したのだった。

　この話について、どのような推察が可能だろうか。話の内容を少し整理してみよう。

父
- 長男　相続権―家（土地）
- 次男　宝物
- 三男　高価な指環（病をいやす効能）

となるであろう。

　さてこの三人の息子がそれぞれどの宗教に相当するか、それを見極めることがキリスト教徒である作者の、読者に示唆しようとした教訓性の解読へとつながっていくことになる。

時代背景

そのまえにこの説話の編まれた十三世紀末葉から十四世紀初頭という時代を少し眺めてみよう。さきの②ボルボーネのステーファノの説教と③『本当の指環の話』の成立した十三世紀は中世の最盛期であったが、この時代から次代の十四世紀にかけて、中世の能動的な面がしだいに影をうすめてゆく。それは見方を変えると新しい時代の萌芽期でもある。

政治的には穏やかな封建制のなかから国王が台頭してきて王権を強化しだし、中央集権の絶対王政に向かう移行期で、その背後には都市の商人たちによる経済的繁栄がある。野望と活力に満ちたこれらの在野の野心家たちは、中世の統一理念の体現者である教会や封建貴族勢力としだいに摩擦を起こすようになってくる。教会内部でも内紛が生じ異端も現われて、内部改革が必須となってくる。

聖俗合わせて混濁の様相を呈していた。

教会という傘のもとで育まれてきた中世の文化、統一・平衡の精神、価値意識がだんだん崩れ始めてくる。

単一から複数へ、即ち中世的単一から各国民の諸文化の萌芽へと拡散していった。そこにはまだ新しい独創性を誇示する文化は見出せないが、国民を基準とする種々なテーマが芽吹きだしていた。

またさきにも書いたように一三三七年にはトルコ軍によってニコメディアが落とされ、

外的危機もひしひしと迫ってきていた。それが中世的単一性の団結を強めていた時期はよかったのだが、すでに時代はそうした連帯意識を求めてはいなかった。

さて説話のほうに話を戻してみると、三男には、長男の家（土地）や次男の宝物のような直接利益に結びつく遺産は譲渡されておらず、話の後半でもわかるように病をいやす効験あらたかな指環を受け取っている。これは指環に化身した神の力を継承したことを意味している。つまり信仰の継承を意図しているのである。

となると、作者の教訓は神がかり的ではあるが、十字軍の失敗を神の意思への反逆の結果とみなし、東方でのこうした無益な戦いをやめて、キリスト教徒は信仰の精神的な継承者たることを自覚し、その上で地上の支配権を放棄せよ、という警告めいた内容になるのではないか。

キリスト教徒に忠告を発しているにせよ、ユダヤ教とイスラームにそれ相応のものを与えている点では、さきの中世的な排他主義を脱して、視線をキリスト教以外の宗教にも丁寧に注いでおり、寛容な姿勢が見受けられる。

ユダヤ教に「家（土地）」を関連づけたことはある意味ではユダヤ民族の土地（国）に関する歴史性を考慮に入れた着想とも思え、また次男をイスラームとして「宝物」を継承させたのも、当時のアラブ世界との交易の隆盛を物語っているかもしれない。

しかしともに、精神性を第一義とする宗教という観点からみるとその位置づけは、キリスト教より一段と劣った地位にあると言えよう。

『イル・ノヴェッリーノ』

『イル・ノヴェッリーノ』については第1節で言及しているので、当該頁（一三五頁以降）を繰ってくれれば、これからの説明がすんなりと理解しやすくなるだろう。

⑤『イル・ノヴェッリーノ』になると宗教的な寛容性が前面に出てくる。

第73話　金を必要としたスルタンがいかにしてユダヤ人を籠絡《ろうらく》しようとしたか

金のやりくりに困ったスルタンは自分の領内に住むユダヤ人にいっぱい食わせてたんまり金をまき上げてやろうと思いました。スルタンはこのユダヤ人を呼び寄せていちばんすぐれた宗教は何であろうと尋ねたのでした。スルタンは心のなかで、もし男がユダヤ教と応えれば、それはスルタンにたいして罪を犯していることだと言ってやろうと思い、またもしイスラームだと応えたならば、ではなぜユダヤ教ではないのか、と問いかけるつもりでいました。そのユダヤ人は質問を聴いてこのように応えました。

「閣下、昔三人の息子を持った父親がおりました。その父親は世界最高の宝石のはまった指環を持っておりました。三人の息子たちはそれぞれこの指環を自分に遺してくれるよう父にお願いしました。父親は三人が三人とも欲しがっているのを勘づきましたので、腕のよい細工職人を呼んで申しました。「師匠、これと瓜《うり》二つの指環を二つこしらえてくださらんか。そして、この石とそっくりの石を二つはめてくれはしまいか」と。

師匠は父親以外の者には見分けがつかないほどそっくりな指環をつくりました。父親は一個ずつ息子たちのところへ持っていってこっそり与えました。三人とも本物を所有していると信じ込み、父親以外どれが本物かわかりませんでした。

信仰についても同じようなことが言えます、閣下。ユダヤ教、キリスト教、イスラームの三つについても、それらを賜《たまわ》った父なる神は最上のものをご存じなわけです。しかし私ども息子たる人間は、それぞれ自分の信仰する宗教が最上だと信じております」

こうして男が罠をたくみに切り抜けたのを知ってスルタンは策を棄て、男を帰してやりました。

一読して理解したと思うが、宗教的な寛容さ、それに才知の利用の巧みさが表出されている。

しかしこの説話を読み終えたのち、心のなかには厚みのない物語にたいする不服が遺るのではないだろうか。それはおそらく何ら反発もなしに提出された宗教的寛容を、何ら肉づけのない小話として受け取らざるを得ない不満である。現代というあまりにも粉飾の多い時代に生きている者は、ともすればこうした骨だけの単純明快な説話に惹き込まれやすいが、諺《ことわざ》的な域を出ていないことを感性の襞《ひだ》が感知し始めると、再び豊かな虚構性への希求が動きだす。この場合そうした物語性の回復への期待は、説話中の人物像の貧弱さ、つまり個性のなさに端を発することが多い。

『イル・ノヴェッリーノ』では、あるユダヤ人もスルタンも位や信者名を冠せられた単なる「人形」にしかすぎない。

語り手にとって重要なのは、宗教的寛容さと才知への賛美の文言であることは言うまでもないが、結果として読者が感受するのはあくまで警句、教訓だけであって、何ら想像力をかき立てられることはない。このような散文的姿勢は未熟そのものである。そして、中世的な図式のなかで語られた説話であるが、キリスト教信仰や護教精神の賛美はすでに関心の外にあると言ってもよい。

『デカメロン』での再話

これまで調べてきた「三つの指環」の説話が、⑦ボッカッチョの『デカメロン』第一日第三話ではどのような内実を与えられているか。

『イル・ノヴェッリーノ』で一応達成された宗教的寛容さと才知の利用をボッカッチョも確実に受けとめている。話の進め方も二人の対話形式である点も何ら変わりがない。しかし、両名とも「肉体と名前、それに個性を持った動的な人物」として描かれている。もはや『イル・ノヴェッリーノ』で描写された「人形」ではない。

さらに注目すべき点はこの話が「俗界の出来事とか人間の行為とかについてお話しいたしましても不都合はありますまいと存じます」という語り手（フィロメーナ）の言葉で開始されている点である。したがってもともと宗教の話であるこの説話は、聖界から人間界に引きずり下ろされて語られるという二重性を当初から有するものなのだ。

「賢さは危険の只中《ただなか》からひとを救い出す」、「此処《ここ》では才知がひとを救うきっかけを作るものだということを、お約束によって、手短にお話しいたしたい」という表現にもみられるように、もっぱら焦点は人知に向けられている。

『イル・ノヴェッリーノ』では人形的存在にしかすぎなかった人物が、ここでは次のように、出自や性格、それに戦争体験を付加した厚みのある体軀《たいく》を有した人間として登場する。

「サラディーノは、その勇敢さは非常なもので、卑賤《ひせん》な境遇から身を起こして、バビロニアの帝王となったのみでなく、イスラームやキリスト教国の王たちと戦って多くの勝利を得ましたが、たびたびの戦争や多大の浪費のため、国庫の金を使い果たしてしまいました」

「そのユダヤ人は真実聡明な男でございましたから、サラディーノがその問題を提出したのは、話のなかに捲き込もうという料簡だと看取し、その手に乗ってはならないから、その三つのうちのどのひとつも褒めてはならないと考えました。それで、思案の末、言葉尻を捉えられないような返事をする必要があると考えまして、すぐ思いついたことを次のごとく述べました」（河島英昭訳）。

両者の特質が明白に読み取れる。

さらに金を借りる必要に迫られたサラディーノがメルキセデックというきちんとした名前をもった男を思い出した折、「サラディーノとしては権力を行使したくもありませんでした。……結局、理屈で粉飾したひとつの強圧手段を取ることに決心しました」とあり、人物たちは一定の道徳律に支えられて、その規範のもとでそれぞれ個性を発揮しながら話が展開されていく。

『デカメロン』第一日の第二話でもユダヤ人の話が紹介されていて、ユダヤ教からキリスト教への改宗の話が中心となっているが、主人公アブラムの内面においては何ら宗教的非寛容や葛藤もみられない。一方、第三話では話のテーマ自体が宗教的煩悶を要するものとなっている。

結果的にそれは「寛容」の精神として顕われてくるが、そうした寛容性を生むためにはおのずと人知の働きが必要であり、その知的作用自体がボッカッチョ的なきわめて新しい知、つまり真に宗教的な志向を伴った徳なのだと思われる。もちろんこの場合の徳とはその時代その時代での卓越した精神性を指してはいるが。

すでに成立していた都市社会にあってボッカッチョの新しい知的な徳は中世的な神一点張りの観念性から抜け出て複数主義的な美徳となっている。

中世から脈々と続いてきた説話のなかで、宗教はもはや第二義的なものにされてしまっている。中世の神のもとでの精神性は背後へと押しやられ、世俗的な、この世でいかに生きるかという処世の才智が表面に顕われてきている。

ダンテではこうはいくまい。

カトリックの絶対的な倫理性のもとに打ち立てられた『神曲』では、宗教的寛容など一《いち》瞥《べっ》することも出来ない。「地獄篇」第二十八歌では――

「さあ、俺が俺の体をどうやって引き裂くかみておけ！
めった斬りにされたマホメットがどのようなざまかみておけ！
俺の前を泣きながら行くのはアリーだ、
頤《おとがい》から額の髪の生え際まで頭を真二つに割られている。おまえがここで見かける奴
はみな生前中傷をこととし分裂禍根の種を播いた。
だからこんな風に割られている。
（平川祐弘訳）

マホメットが「地獄」に置かれている。ダンテにとってこうした非寛容性はカトリック世界をさらに強固にするものとして映っていた。

商人の叙事詩

しかし、このように描かれたからといって、『神曲』と⑦『デカメロン』が全く対立する位置にあることにはならない。というのは、冒頭でも述べたように『デカメロン』成立の基盤が主として中世にあるからである。中世の説話の再構成であり、中世に活躍した商

人の話でもあり、ボッカッチョと同時代の、あるいはそれ以前の政治家、武人や町人、商人が主人公である諸作品だからだ。つまり、十一世紀から十四世紀にかけてのイタリアと西欧の人間絵巻（「商人の叙事詩」）と言うことが出来よう。

十四世紀後半のイタリア文化の主役である人文主義者たち（ペトラルカが代表格）が、そのまえの文化を飛ばして古典古代へと向かったのにたいして、ボッカッチョの視線は前代に注がれたと言ってよいであろう（すでに述べたように、もともと中世という呼称は、古典古代と近現代の「あいだの時代」という意味合いでペトラルカによって名づけられた）。『神曲』との比較は比較として、『デカメロン』はむしろ『神曲』を補完する作品であると思われ、そうした位置を突き抜ける新規さこそルネサンスの正真正銘の新しさだと考えられる。

『デカメロン』で再構成されてからおよそ四百年あまりのち、同じ説話がドイツの劇作家レッシング（一七二九―八一年）によって⑧『賢者ナータン』の名のもとで採り上げられた。五幕ものの戯曲である。

時代を一一九二年として登場人物にサラディン、ユダヤ人ナータン、その養女レーハ、キリスト教徒の神殿騎士などを配している。

国家困窮のサラディンが金持ちのユダヤ人ナータンに例のごとく難題をふっかけるのだ

が、ナータンは三つの指環の話を持ち出して上手にかわす。さらにそれだけではなくレッシングは三宗教の平等性に次のような解釈を加える。

さあ！　いずれも精出して、身びいきのない無我の愛を希求するがよい、めいめいが自分の指環を鏤《ちりば》めてある宝石の力を顕示するように励みなさい——そして柔和な心映え、和らぎの気持、善行、神への心からなる帰依を持ってその力を助成しなさい。（篠田英雄訳。傍点引用者）

とあって、各自の精神修養によって徳を積むようにと説いている。啓蒙主義の時代ということもあろうが、レッシングの寛容な宗教観、それも生半可な表面上のそれではなく、人間性の深化と真の積極的な信仰を踏まえた上での宗教思想が示唆されている。

この戯曲は、サラディン、レーハ、神殿騎士の血縁関係が明らかとなって、大団円が結ばれる。イスラーム、ユダヤ教、キリスト教が真の意味でひとつとなるわけである。

宗教的な寛容性を主題にした説話の継承を調べてきたが、キリスト教、ユダヤ教、イスラームの間柄は決して平和共存というのではなかった。

ならばなぜこのような説話が書かれ、遺されたのであろうか。それはスティス・トンプソン（一八八五―一九七六年）が『民間説話』（上・下、荒木博之・石原綏代共訳、社会思想社、一九七七年）で、「その話（ノヴェッラ）は具体的な時と場所のなかで起こった現実の出来事として語られ、あり得ない出来事がまさに起こるのであるが、それ（ノヴェッラ）はメルヘンの場合と違って、聞き手に本当のこととして信じることを求めるのである」といみじくもノヴェッラを定義したように、「本当のこととして」語りつがれたからである。「三つの指環」の宗教的寛容精神も、ひとびとの心の底に眠る、複数の宗教的理想や願望を掘り起こしたものに違いない。

『デカメロン』の評価にかんしてはこれまで述べてきたように、『神曲』（『神聖喜劇』）の世俗版（『人間喜劇』）という見方も一方にはある。他方には、第一日第一話で描かれたペスト猖獗《しょうけつ》による社会的価値観の転倒という意図的な構図を読み取ることも出来る。それによって「反社会的様相」の提示がなされ、それこそが「現実」であることが把握される。

要するに、どう「読む」かしだいなのだが、ルネサンスの複数性が見事に顕現されている。それこそ『デカメロン』という作品の偉大さを証明していることになろう。

3　都市の心象

ヴィスコンティ監督『家族の肖像』

四十年ほどまえのことだが、鮮明に思い出すことが出来る——当時鑑賞した巨匠ヴィスコンティ監督の映画『家族の肖像』の記憶なのだが、主人公の大学教授の邸宅、その階上の窓から映し出される街並が印象に遺っている。街並と言っても、教授の暮らしている都市や邸宅の界隈などが俯瞰《ふかん》されるわけではない。

銀幕に映るのはイスラームのモスクにも似た、カトリック教会の丸い塔なのである。シロッコに数百年間耐え抜いてきたような、錆《さび》ついた黄褐色だ。

ガラスの嵌《はま》っていない巨大な窓がすべて塔にふさがれて、空をすっかり隅っこに押し上げてしまい、みている側としては胸が詰まりそうな息苦しさを覚えた。

もともと無限の展《ひろ》がりを持ち、蒼《あお》という爽やかな色を宿しているはずの空が、一部だけ姿をみせて、中世やルネサンスの遺物で蓋をされているようで、さらに塔が石で造られているという材質に起因する圧迫感もあっただろう。

その窓辺やテラスにたたずむ登場人物にほとんど科白《せりふ》はなく、階下の道路を往き交う自動車の走行音とクラクションの音だけが、流れてくる唯一の音らしい音、騒音なのだ。金属的な音の混じった、排ガスの異臭を想わせる現代的な音の断片が、過去の刻印である教会の塔を嘲笑うように洗っていく。窓から塔の先端をらくらく望めるほど階上にいて聞こえてくる騒音の量から推して、教授の邸宅は都心にあることがわかり、ひとつの画面のなかでヴィスコンティは、石と音と空とで過去と現代を巧みに表現し得たと言えよう。それも実にアンバランスな崩壊感覚を——。

『家族の肖像』は世代間の断絶をとおして「家」の解体を描いている佳作であり、やり場のない鬱屈した心情がこの一カットに見事に凝縮されている。

しかしここは映画の話をする場ではない。

ヴィスコンティの作品を引っ張ってきたのは、映画では音だけで都市を描き得たが、文学作品ではどうかということなのだ。

生活の場

筆者にはかねがね不思議に思われてきたことがある。中世末期からルネサンス初期へと移行していくなかで生まれた数多くの文学作品中、都市の風景はいったいどれだけ明白に描かれているかということだ。

G・プロカッチ著『イタリア人民の歴史Ｉ』（斎藤泰弘・豊下楢彦共訳、未来社、一九八四年）によれば、十三世紀のイタリアは前述のとおりコムーネの時代と呼ばれている。即ち都市の隆盛期であり、古代ギリシアのポリスとは違って経済的基盤を堅固に得た都市文化が、さらに後年の都市国家が芽吹き始める時期なのである。

この時期のイタリア文学の代表格は総称的な言い方をすればもっぱら「韻文学作品」であり、今日的な意味での「散文学」はまだ現われていない。

十三世紀末になって、イタリア語による最初の説話集である、第1、2節で取りあげた散文形式の『イル・ノヴェッリーノ』がようやく編まれる。

先述したが、この説話集の散文の文学史的位置づけはだいたい次のように定められている。

中世の封建的貴族社会がしだいに崩壊してゆき、それにかわる勢力として商業資本に基礎を置いた新しい知識人層が台頭してくる。その新勢力の精神性を体現したのが散文であり、最初の所産である『イル・ノヴェッリーノ』の散文は宮廷や貴族趣味とは対極的な位置を占めている、と。

第1節と重なるが、これをコムーネ（都市共同体）の発展に対応させて述べてみよう。

コムーネ自体は十二世紀からすでに存在していたが、コムーネ自身がそのダイナミックさを、みずからの生命力あふれる表現へともたらす力はまだ備わっていなかった。だが十三世紀後半のコムーネはもはや半世紀前のコムーネではなかった。

つまり十三世紀の後半になると、コムーネはコムーネ自身を示す力を持ち、そうした文化的熟成度も有していたわけで、その結実の表現形態が（世俗的な）散文なのである。散文による俗語の勝利は社会的現実と結びついていたと言える。そしてそれは複眼的なものだった。

そのような状況のなかで編まれた『イル・ノヴェッリーノ』は確かに古代や中世に材を得て旧を笑い、新をも批判して、転換期の社会にたいしてあるべき道を示唆した作品となっている。しかし筆者はどことなくもの足りなさを覚える。

それはボッカッチョの『デカメロン』に描かれているような人物の性格描写の厚みやストーリーの複雑さ、巧緻《こうち》さを、ないものねだりで求めているだけではない。もちろんそういった技巧上の不満も多分にあるが、決定的なのは、都市共同体の外囲的存在である「都市」そのものの風景が描かれていないことなのだ。

一応話には筋があり人物も登場し、教訓も語られており、そこに編者の時代意識や批判精神も存在して寓意が生まれてはいるのだが、生活に絡めとられた生の実体の重みに欠けている。

『イル・ノヴェッリーノ』百話を読み終えても面白いには面白いが、機知とユーモアという表層的な局面が前面に押し出されているだけなのだ。繰り返すが、その原因には、よく指摘されるように、人物の実在感の稀薄さや筋展開の稚拙さが大きくかかわっているが、生活の場としての風景が描かれていないのが、じつはいちばんの要因だと考えられる。生活の場としての環境、ひとが住んで食べて排泄する場としての都市の欠落である。

都市の風景

文学が同時代を描き切ることは至難である。作品として結実するためには描く対象、風景にたいして「距離」が保たれなくてはならない。そのためにはやはり物理的な時間の経過が必要と思われ、筆が執られるときには対象はすでに時間的意味合いで厳密には同時代ではない。

まして個人の意識がいまだにおおかた中世の神的世界観のなかを浮遊していて、一部のひとたちだけがようやく脱出しかかっている過渡期に、同時代の対象への距離を望むのは困難だろう。

どうしても「あったもの」、「流布したもの」を再録し、再録すること自体に主張や批判をこめることになるのではないか。したがって外囲的描写も旧態依然に落ち着いてしまう。もとより外界の描写などにまだ筆は及ばなかったのかもしれない。真の意味で「風景」の発見――「序章」で触れたようにペトラルカの登場を待たねばならないが――などなされていなかった。まして都市の風景描写など無理だったに違いない。

それでも筆者は風景らしきものの萌芽を『イル・ノヴェッリーノ』のなかに見出したつもりだ。それは都市を彷彿《ほうふつ》とさせるが、都市であるようなないような、未成の雰囲気なのであるが――。

その箇所を取りあげるまえに、ここでいう都市とはどういうものかを考えてみたい。中世・ルネサンス期において重要な意味を持つ理念に、ミクロコスモスである人間はマクロコスモスである宇宙と照応・感応しているというものがある。都市は最も身近なマクロコスモスと解釈してもよいだろう。しかしルネサンスの理念上の都市構造を例にとると、都市自体がマクロからみれば小さな宇宙であり、ミクロからみると人間の生活空間理念が具現された宇宙と言える。つまり人間と宇宙との媒介的存在として都市があるのではないだろうか。中宇宙である。

その都市は人間が生活する場としての実用性ばかりではなく深層部分においても成立している。深層というのは、「東西南北、上下（天地）などの有意味的な方向性であり、聖なる場所・俗なる場所・穢《けが》れた場所の配置であり、坂・橋・川・境界などの記号論的な意味である」（中村雄二郎）。

文学作品に表現されるのは主に深層部分だと思われる。『イル・ノヴェッリーノ』で筆者が見出したのはじつにこの深層の一端であった。

第59話を読んでいただきたい。

深層部分

第59話　皇帝が吊るした貴族の話

皇帝フェデリーコはある日、たいへん家柄のよい男が悪事を犯したので吊るしの刑にしました。罪の重さをわからせるために高貴な騎士にきつく命じてその貴族を奪われないように見張らせました。しかし騎士がちょっとうっかりしているうちに、吊るされていた貴族は連れ去られてしまいました。それに気づいたとき騎士は、皇帝に首を切り落とされるのではないかと思い、惧《おそ》れおののきました。

そこで考えを巡らして、その夜、近くの修道院に新しい仏はないかと捜しに出かけました。みつけた死体を墓地から出して身代わりに吊るしておくつもりでした。

その夜修道院に到着しますと、ひとりの婦人が涙を流して髪をくしゃくしゃにふりみだして大声をあげて泣いているのをみかけました。その婦人はその日死んだばかりの愛する夫のことを深く悲しみ、泣きくずれていたのでした。

それで騎士は女に甘くささやきました。「奥様、これはどうしたことです。なぜ泣いておられるのです」。女は応えました。「わたくしは夫を心から愛しておりましたので、慰めを求めるつもりはございません。泣き暮れてこの命、終えたいと存じます」

騎士は言いました。「何をおっしゃいます。悲しみのまま死んでしまいたいのですか。涙も悲嘆も、息絶えたからだを生き返らせることは出来ません。あなたのなさることは莫迦《ばか》げているとは思いませんか。こうしたらいかがです。私を夫にしたらいいでしょう。私には妻はありません。私を助けてください。いまたいへんなのです。どこに身を隠したらよいやら。

と申しますのは、私は主人の命令で首吊りの貴族の死体を見張っておりましたのですが、男の家の者が連れ去ってしまったのです。出来るなら逃げる方法を教えてください。私はあなたの夫になりましょう。あなたを妻として幸福にいたします」

女はこれを聞いて、この騎士が好きになってしまいました。「お言いつけのとおりにいたします。貴方さまを深く愛しております。私の夫を運び出しましょう。墓から引き出して、盗まれたその場所に吊るしましょう」。女は泣き止み、墓から夫を掘り出すのを手伝って、死体のまま首吊りにしました。

騎士は言いました。「奥様、連れ去られた男は歯が一本欠けていました。誰かやってきて歯の欠けてないことがわかったらとんだ不名誉です。死罪です」

女はこれを聞いて、夫の歯を一本折りました。そして、もっと折る必要があるならば、続けたかもしれませんでした。

女が夫にすることを目の当たりにしながら、騎士は言いました。「奥様、あなたがたいそう愛していると おっしゃっていたご主人にそのようなことをするのでは、私にたいしてはもっとひどいことをなさるでしょう」

騎士は女のもとを離れ、死体をかついでいってしまいました。女は羞恥《しゅうち》で一歩も歩けませんでした。

ここには男と女の絶妙な駆け引きがあり、女の身勝手さがよく表出されているが、二人のやりとりをひときわ際立たせているのが、夜の場末の墓地の雰囲気であって、二人の登場人物の個性にまでは及んでいない。墓地がわれわれに都市を意識させてくれる。

墓地は聖なる場であるとともに穢れの場でもある。具体的に墓地の描写は何も描かれていないが、この話には実感としての「墓地感覚」がある。

墓地という言葉からは、十字架の立ち並んだ一定の広さの空間が連想される。筆者たちにとって墓地は身近であり、また自分の肉体の終焉の場としての安寧感も抱き得る。宮廷や庭園とかいった楽園的雰囲気の場ならば存在感はまず得られないであろう。墓地で愛のやりとりがなされていること自体、死とのコントラストを鮮やかに示していて、いっそう胸をときめかせて話の運びに注目し得る。

墓地、修道院とたどっていくと、その種のものが存在する空間がみえてくる。墓地には屍《しかばね》が埋まっており、修道院には神に仕える生きた人間がいるということで、人間を尺度《ヒューマン・スケール》とした空間、つまりルネサンスの都市空間が予感される。第59話はそういう意味で『イル・ノヴェッリーノ』のなかで、出色の小話だと思われる。

ここで少し立ち止まって、中世末の「墓地」というものを考えてみよう。イタリア文学・歴史の研究家である竹山博英著の『イタリアの記念碑墓地――その歴史と芸術』(言叢社、二〇〇七年)を参考にしながら分析してみたい。

古代ローマでは墓地は市壁の外に造られていたが、三一三年の「ミラノ勅令」でキリスト教が公認されると、教会の建設が認められた。教会は市壁の外で殉じた聖人の墓所の上に建てられるか、市壁内の信者の土地に設けられるかした。

やがて都市化が進むにつれて居住区内に教会が組み込まれ、死者も都市の市壁内に埋葬されるようになった。高位聖職者や王侯貴族が教会内部の床下や壁龕《へきがん》内などに葬られたのに反して、一般信者は教会の外壁沿いの土地や中庭などに埋められた。一般信者の墓の場合は、浮き彫りのある石板がはめこまれた高位聖職者や王侯貴族の墓とは違って、穴を掘って埋めるだけで、個人による指定は出来なかった。

第59話の墓地は修道院内の墓地だから、身分のある人物の死体だということがわかる。これが近代（十八世紀）になると、教会に付属する墓地では死体の腐乱臭がきつくて、ミサも出来かねる窮地に陥る。「キリスト教徒は火葬を嫌い、土葬を主としていたから、埋葬場所の枯渇、遺骨の堆積、腐敗臭の問題は避けがたかった」――これはひょっとしたら、死体をいとも簡単に墓地から引き出した第59話でも起こっていたかもしれない。もしそうだとしたら、闇夜の描写に悪臭が漂うことになって、さらに「墓地感覚」が増すことになる。裏を返せば、死体の臭いともども、生きていたときの人間臭をも喚起される、という意味だ。

ペスト来襲――肉体の死

さて、やがて「人間の尺度で測りうる都市」になっていく初期ルネサンスの時代、中心都市フィレンツェをひとつの疫病が襲う。

東方諸国では鼻から出血するのが避けられない死の徴候でありましたが、それとは違って、此処（フィレンツェ）では男も女も同じように罹病《りびょう》の初期には鼠蹊部《そけいぶ》か腋の下に腫物が出来て、それが或る者には林檎ぐらいの大きさとなり、他の者には卵ぐらいの大きさとなり、ひとによって大小さまざまではありますが、一般のひとはガヴォッチョロ（ペストのおでき）と呼んでいました。此の恐るべき腫物は上に述べましたように身体の二箇所から始まって全身至るところ所構わずひろがりますが、その後病症の形態が変わって来ますと、黒色または鉛色の斑点が腕とか股とか身体のその他の部分とかにたくさん現われてきまして、形が大きいと数が少ないとか、形が小さいと数が多いとかいったように現われ方もまちまちでございました。そうして丁度はじめのうちガヴォッチョロが死の近い徴候であったと同じように、今度はまたこの斑点が出来ると、そのひとにとってはそれが同じく死の徴候でありました。（野上素一訳。以下同）

これはボッカッチョ作『デカメロン』の有名な、精魂込めたペストの描写（第一日第一話）である。

凄惨なこの叙述からは、一歩下がって、批判をアレゴリーに託す余裕がある姿勢はもはや感じられない。

疫病のむごたらしさもさることながら、ひとびとの断末魔の呻《うめ》きや喘《あえ》ぎも耳に届いてくる。腫れ物の出来具合も、さながら記録映画でもみているように刻々と伝わってくる。

かつては神の国へと移り得る至福の印であった死が恐怖の対象へと変わり、次々とひとびとが息絶えていくことでより酸鼻なものとなっている。

救世主たる神の降臨もない。つまり、「精神の死」ではなく凄絶な「肉体の死」が描かれており、来世肯定が現世肯定となり、これから語られる物語の新規な基盤、価値観をみせつけている。こうした価値観の転倒《パラダイム・シフト》があってこそ初めて、エロ、グロ、ナンセンスの小話群を執筆する立ち位置をボッカッチョは獲得した。彼の描出する世界（社会）こそがありのままの当代の姿（現実）というわけだ。

とうぜんひとびとの考え方にも変化が生じてくるだろう。

ボッカッチョの筆は、刮目《かつもく》に値いする、ひとびとの変移していく意識を過不足なく捉えている。目のまえをふさいでいた神的観念や幕《スクリーン》が取り払われ、現実と作者のあいだが透明になっている。それはとりもなおさずその時代の実際の文化、つまり新興の清新な商人（市民）文化を活写することを意味し、自身商人の子であるボッカッチョは『デカメロン』でそれを果敢に実践した。

もっともペストの描写を除いて、彼の描く百話の小話はほとんどがひとつまえの時代(中世)の活気ある市民文化の社会であって、時代的にはダンテの『神曲』と重なり合う。ただ、ペストの洗礼を受けたボッカッチョでは、描く対象や視点が神の世界を描いたダンテとは著しく異なっている。「肉体の死」という凄《すさ》まじい現実の世界の実態を具現化した(みてしまった)と言えよう。それは都市の描写にも如実に表われている。というよりも都市の細部や暗部がはっきり浮かんでくる。

彼が青年の頃商人の見習いとして父に行かされたゆかりの地、ナポリを舞台とした第二日の第五話を取りあげてみよう。

都市(ナポリ)の細部

ペルージャのアンドレウッチョがナポリに馬買いに出かけ、一夜のうちに三つの災難に遭っていずれからも遁《のが》れ、ルビー一個を持って家に帰る。第一の災難は、財布のなかのあり金を全部みせて馬を買おうとしているアンドレウッチョが若い女(娼婦)に騙《だま》されて金をまきあげられる。

誘われて娼婦の家に連れて行かれるとき、女の住む所を「マルペルトッジョ(悪の巣窟)

という名の、その名前を聞いただけでもだいたいどんな風儀の町かわかるような所に住んでいました」と作者は説明している。アンドレウッチョは女から自分の妹だともっともらしい告白を受け、さらに「ナポリは、殊によそのひとにとっては、夜出歩くにはよくないところだ」と言われて、食事をともにし、その夜は女の家に泊まることになる。そして夜中に小用に立つが、糞溜めに落ちてしまう（第二の災難）。

その場所の構造を説明いたしましょう。それは（二軒の建物の間にしばしばみかける）狭い路地のなかに二本の梁《はり》を此方の家から向かいの家へ橋渡しにして、その上に幾枚かの板片を打ち附けてありまして、腰掛ける場所がしつらえてあります。アンドレウッチョと一緒に落ちたのはこの板片の一枚でした。

とあって、糞溜めはなんと路地なのである。

西欧中世の都市がいかに不潔であったかがよくわかると思う。ごみでも汚物でもなんでもかんでも通りや路地に棄てた。豚がそれを食べて清掃の役目を果たしていたという。

この物語は十四世紀初頭のナポリが舞台なのだが、ペストが流行る素因はきちんと整えられていた。

アンドレウッチョは、「からだから発散する悪臭にわれながら閉口し、海にいって洗い清めようと思いまして、左手へ廻りますとルガ・カタラーナという通りに出ました。そうして山の手の方を参りますと……」という具合に、作者の筆は自在にナポリの街を写し取っていく。それもどことなく胡散臭《うさんくさ》さを漂わせながら。

そうしたただならぬ雰囲気は、アンドレウッチョが女の寝室に導かれたときの部屋の描写にも顕われている。

其処（寝室）は薔薇の花、オレンジの花、その他の花の香気で満ちていました。その部屋のなかには帳《とばり》の垂れた一つの大そう立派な寝台がありまして、土地の風習として、衣桁《いこう》には多くの着物が懸けてあり、その他数多くの見事で高価な調度品があるのをみました。それでこの地にきたばかりの彼（アンドレウッチョ）は、彼女を身分の高い婦人に違いないと堅く信じ込みました。

娼婦の部屋の内部が手に取るようにわかる。

当時のナポリの淫靡《いんび》な光景も鮮やかにとどめている。この場面の描写は話の筋には直接関係がないが、黒っぽい美的な暗示をもたらす。

若い女がアンドレウッチョに語り聞かせる嘘の身の上話もじつにまことしやかで、だからいっそう怪《あや》しげだ。アンドレウッチョはその後二人組の泥棒と出会って（第三の災難）、その日死んだばかりの大司教の墓にもぐり込んでルビーを盗む手伝いをし、結局自分がもらってナポリを去っていく。

話の筋も面白く、アンドレウッチョなる青年のおひとよし加減も手際よく描かれているが、それにもましてナポリの街の様子が鮮やかに伝わってくる。

『イル・ノヴェッリーノ』の第59話同様、光の当たらない部分を描写しているが、『デカメロン』のそれはナポリの暗部を難なく写し取っていて、読み手にいっそうのリアリティを与えてくれる。

そして、暗部をこうして委曲を尽くして描いたことが、逆に新しい時代の到来を告げている。

『イル・ノヴェッリーノ』では決して描写の対象とはなり得なかったと思える人物の個性、路地裏、悪所、部屋の内部が『デカメロン』では過不足なく取りあげられており、細部にわたって刻明に描かれている。作者の視線が事物、風俗、風景にもいき届いていて、ここにボッカッチョの多面にわたる慧眼《けいがん》をみずして何をみようか。

初期ルネサンスに生きたボッカッチョだからこそ、一世代まえの中世末期の都市風景を描き得たのであろう。そしてその延長上に世俗的なルネサンスの光明はみえていたのだ。『イル・ノヴェッリーノ』ではみられなかった、伸縮自在な構成力と描写力で『デカメロン』は社会全体を活写し得た。すでに都市もそれを可能にさせるくらいの盛衰を体験してきたのだ。

二つのノヴェッラを比較してみたが、事物や光景がみえてくるにしたがい、時代が少しずつ複雑になり、その分抽象度がうすれて具体性を増してきていることが理解されよう。都市は現実に存在しており、市壁のなかには路地も家も墓地もあっただろうが、それを的確にみつめて文学作品に形象化しようという気運に至るまでには、「時間」が充分に消化されなければならなかった。

額縁(外枠)物語

『イル・ノヴェッリーノ』を中心として、論述内容に多少の重複もあったが、それはその局面を強調したいがための作為的な種類のものであって、どうか諒とされたい。

『イル・ノヴェッリーノ』から『デカメロン』の成立までには五十余年しかないが、後者が「第一日第一話」で読者にあえてペストの凄絶さを披露した理由に、自作の世界に読み手を引き込もうとした意図があったことは吟味ずみだ。

さらに二つの作品の「つくり」をみてもそこにははっきりとした違いがある。『イル・ノヴェッリーノ』のほうは単なる読者への語り調子で成り立っているが、『デカメロン』は一般的に「額縁（外枠）」物語と呼ばれていて二重に構成されている。女性七名と男性三名がペスト罹患をのがれてフィレンツェ郊外で、一日のテーマを決めて十人それぞれがその主題にそって話をするという形式を取っている。仕様の観点からも近代小説の祖とみなされる。つまり、聴き（読み）手である「読者」がいて話し手である男性・女性がいる。その男女が語る物語の一話一話で、登場（作中）人物を話し手は自在に操り、語り手として登場させる。ここに話し手と作中の登場人物とに「枠」が出来る。このように、作中人物として物語世界のなか話をする人物を「物語世界に属する語り手」と呼ぶ。

なるほど『イル・ノヴェッリーノ』は、『デカメロン』完成の前座に位置するが、十三世紀末までのさまざまな逸話を満載している点からしても、評価され得る作品であるのは間違いない。さらに『デカメロン』の「語りの方法」は、この作品が突出した構成要素で書かれていることを明示している。

「融和」の思想

『三つの指環』の各エピソードも、時代が近世に近づくにつれて、「衣服」を纏《まと》い出してきて、ついに、『イル・ノヴェッリーノ』と『デカメロン』に収録されるに至って、三つの宗教の対等性が語られる。これは、カトリックの本義が「普遍的」という意味である点からみると、他の二つの宗教にも、その「普遍的」が当てはまるとも取り得る。もともと三つの宗教の「親」が同根であるのは周知の事実だが、それを時代的変遷で描いている実態に目をやると、「宗教の融和」や「寛容」というものがいかに難題であるかがわかる。いったん複数に転じたものを単一なるものに還元するのに必要なエネルギーの何と甚大なことか。この「融和」はルネサンス期に、すべての思想の根源には共通するものがあると訴え、プラトンとアリストテレスの「融和」をも求めたジョヴァンニ・ピコ・デッラ・ミランドラや主に各派に分断した宗教界の融和を希求したロレンツォ・ヴァッラ（一四〇七―五七年）によって唱えられるが（ヴァッラについては、拙著『ルネサンスの知と魔術』、山川出版社、一九九八年、一〇七―一一三頁参照）、裏を返せば、ほとんど融合には及んでいない、種々に分裂状態であったことが認められる。

『三つの指環』の内容の変遷は、その叙述の裏の真実まで考慮してはじめて理解可能となるに違いない。

『イル・ノヴェッリーノ』の構成

番号	主題	時代	場所	主要登場人物	その身分・職業・役割	その他
1	ノヴェッリーノの編纂意図			イエス・キリスト		
2	賢明とは何か	一二一五‐五〇（フェデリーコ二世の在位）	インド	プレスト・ジョヴァンニ（インド）／皇帝フェデリーコ／宝石細工人派遣使節数名	司祭／皇帝	石（pietre）が小道具として使われているが、『デカメロン』Ⅷ‐3（カランドリーノ）への推移と石の役割の変移
3	（事物に沿った推察・洞察力）賢明さ	古代？	ギリシア	フィリッポ／ギリシア人の賢者	王／入牢中	駿馬がロバの乳で育ったこと／宝石のなかに虫が入っていたこと／王の父がパン屋であったこと
4	寛大さ	前四世紀	ジャードレ（中世パレスチナの都市：現ガザ）	アレクサンダー／高貴な騎士／吟遊詩人	王／密告者	『千夜一夜』にも類例がみられる
5	子どもの育て方について	古代？	エジプト	エジプトの王子／賢人たち／ギリシアからの使節	王子	

番号	主題	時代	場所	主要登場人物	その身分・職業・役割	その他
6	神の怒り	前一〇〇〇？-九七〇？（ダヴィデ王在位）	古代ヘブライ王国	ダヴィデ	王	聖書
7	神への不敬に対する因果応報（王土喪失）	前十世紀	古代ヘブライ王国	ソロモン／天使／ロボアム（ソロモンの息子）	王	聖書
8	ギリシア王子	古代		アウリックス／アウリックスの息子		
9	機知（いかに無銭飲食をするか）		アレクサンダー大王が建てた11のアレクサンドリアのなかのレバントのアレクサンドリア（イスラーム人ファブラットの経営する食堂）	ひとりのイスラーム人／ファブラット／スルタン／賢人たち		
10	金銭の貸借にたいする判決の機知	十三世紀	ローマ（主人公が巡礼で赴く）	スキアーノ・ディ・バーリ／その友人／夫人	市民	ビザンツ（ビザンチン金貨）／巡礼
11	師の評判を貶めんとする弟子の悪知恵	十三世紀		ジョルダーノ／その弟子／王／その病気の王子	医師（皇帝フェデリーコの侍医ジョルダーノ）	毒薬

12	戦功を王のものとした臣下の機知	前十世紀	フィリスティ（アンモン人の町ラバ）	アミナダブ／ダヴィデ	臣下（隊長）／王	聖書
13	国を統治する上での徳	前四世紀	ペルシャ	アンティノゴ／アレクサンダー／ポッロ	アレクサンダーの師／王／インド王	チェテラ（シターン）
14	女の色香	十二世紀		占星術者／王／その息子（赤ん坊）／若い娘	王	ほら穴／『デカメロン』Ⅳの序文
15	息子の不倫。父子同士の「目には目を」の処罰			カローニョ／その息子	王／王子	ヴァレリーノ・マッシモによって語られる逸話
16	慈悲		ノラ	パウリーノ／貧しい婦人／その息子	司教／入牢中	身替わり／聖グレゴリオ伝にも出ている
17	慈悲（喜捨）			ピエトロ	金貸し	
18	神の怒り	九世紀	イスラーム人との戦場	シャルル・マーニュ／家臣	王／王の遺言を守らなかった	馬／武器／遺言／煉獄
19	寛容	十二世紀	イングランド	ジョーヴァネ王／ベルトラーメ・ダル・ボルノ	イギリス王ヘンリー二世の長子／吟遊詩人	
20	寛容	十二世紀	イングランド	ジョーヴァネ王／哀れな騎士	イギリス王／騎士	
21	徳（魔術をも寄せつけない）	十三世紀前半		皇帝フェデリーコ／三人の魔術師	神聖ローマ皇帝／魔術師／伯爵／聖ボニファツィオ	魔術

番号	主題	時代	場所	主要登場人物	その身分・職業・役割	その他
22	判断力	十三世紀前半	ミラノ	皇帝フェデリーコ／鷹／老いたミラノ人	皇帝／ミラノ攻囲中／ミラノ市民	縞模様の服
23	知恵と徳	十三世紀前半		皇帝フェデリーコ／怠け者	皇帝／その日暮らしの者	狩猟／泉
24	知恵	十三世紀前半		皇帝フェデリーコ／二人の賢者	皇帝	着物と馬／法律
25	サラディンの度量とキリスト教側の堕落	十二世紀		サラディン	スルタン	
26	女の贅沢	十三世紀後半	フランス	フランスの市民／その妻／メルリーノ	市民／伝説上の人物	
27	機知		アレクサンドリア	アレクサンドリアの偉人／他に一人		
28	神への祈り	十二世紀	フランス	ランチャロット／ジネーヴラ／イエス・キリスト	女王	
29	神の絶対性		パリ（パリ大学）	偉大な賢者		至高天
30	寛容	十二世紀前半		皇帝フェデリーコ／G.（ロンバルディアの騎士）	皇帝／皇帝と友人関係	
31	機知	十三世紀中葉	ローマ	語り部／エッツェリーノ閣下		

32	才幹・勇気	一二一二年	スパニャータの戦い（対イスラーム）	リッカール・ロ・ゲルチョ／トローザ伯（ライモンド三世）	プロヴァンス地方の大尽／伯爵	
33	占いへの過信	十三世紀中葉	プロヴァンス	インペラール・デル・バルッツォ／ピッタゴラ	プロヴァンス地方の城主／スペインの哲学者	占星術
34	騎士の友情（男）			G閣下／S閣下	騎士／騎士	乗用馬
35	滑稽	十三世紀末	ボローニャ	タッデオ・デル・ボローニャ（一二一五-九五）	医師	タッデオは実在の人物であり、この人物の死が一二九五年であることからノヴェッリーノが十三世紀の末年に編まれたことがわかる
36	迫害・姦淫			王／神の民／バッラーム／天使	キリスト教徒迫害者／イスラエル人／預言者	聖書（民数記22-23-25）
37	神の意思による勝敗の決定		ギリシア	三人のギリシアの王／天使		戦争
38	滑稽（笑い話）		ターレス／貧しい女	イオニア学派の創始者ターレス／（占星術）		
39	滑稽（揶揄・皮肉）	十三世紀	オルヴィエート	アルドブランディーノ（実在の人物）（一二七九年没）／托鉢僧	司教／托鉢僧	食事中／タマネギ

番号	主題	時代	場所	主要登場人物	その身分・職業・役割	その他
40	滑稽(揶揄)	十三世紀中葉	シチリア	サラディーノ・ディ・パヴィア(実在の人物)/騎士	吟遊詩人	食事中
41	滑稽(知的・揶揄)	十三世紀	ロマーニャ地方	ポーロ・トラヴェルソ(一二二五-四〇)/ラヴェンナのシニョーリ)/三人の傲岸な騎士		トラヴェルソの神について『神曲』Purg. XI98
42	滑稽(自慢話・機知)	十二世紀	プロヴァンス	グリエルモ・ディ・ベルガーダン/ラモンド・ベルリンギエリ(一一三一-六二)	高貴な騎士/バルセロナ伯	
43	滑稽(揶揄)	十三世紀中葉		ヤコピーノ・ランゴーニ/吟遊詩人	一二六〇年にフィレンツェのポデスタになっている吟遊詩人	ワイン
44	機知	十三世紀中葉		マルコ・ロンバルド	経験豊かな宮廷人	クリスマス『神曲』Purg.XVI46-48
45	判断力			ランチャロット/アリバーノ	サクソニアの騎士	一騎打ち
46	ナルシシズム			ナルシス		オウィディウス『変身譚』III、339-510
47	求愛	十三世紀後半	ロマーニャ地方	リツィオ・ディ・ヴァルボーナ/リニィエーリ・ダ・カルヴォリ	ロマーニャの人、ゲルフィ党員/ロマー	Purg.XI97/Purg.XI88-90
48	王道	十三世紀前		クッラード・ディ・ズヴェ	皇帝フェデリーコ	

		半		ヴィア（一二二八-五四）		
49	寛容・厳格		トゥールーズ	医師／その妻	医師／トゥールーズ大司教の姪	
50	狡猾	十三世紀末	ボローニャ	フランチェスコ（一二九三年没）	法律家（アッコルソ・ダ・ボローニャの息子、一二七三-八一オックスフォードに滞在）	Inf.XV／100男色の罪
51	王の覚醒		キプロス	ガスコーニュの女／キプロス王	巡礼中	『デカメロン』I-9
52	知恵	十三世紀中葉	アクリ	ジョヴァンニ・ダクリ／アクリの騎士	エルサレムの王（一二一〇-二五）	Gesta Romanorum／騎士と馬
53	差別（滑稽）			不具者	跛行者・片腕・片目・はげ	通行料
54	機知・性愛	十三世紀後半	フィレンツェ	ポルチェッリーノ／もう一人の司祭	教区司祭	『デカメロン』I-4、IX-2
55	知恵	十三世紀中葉		マルコ・ロンバルド／パオリーノ	宮廷人、イタリアの賢者・貧者を装っている	44話にもマルコは登場
56	知恵		ボローニャ	マルケ地方の男／その男に学費を出す男	法律を勉強にボローニャに出向く	金銭／出資者と奨学生
57	厚顔・卑猥		ボローニャ	マドンナ・アジェージャ／新妻	ボローニャの人	初夜／宮廷の娯楽
58	思いやり		ジェノヴァ	ベリークロ／貴族青年／ブランカ・ドーリア閣下	宮廷騎士／小姓	

番号	主題	時代	場所	主要登場人物	その身分・職業・役割	その他
59	狡智・愛	十三世紀中葉		皇帝フェデリーコ／罪人／騎士／寡婦	王／名家の出身／罪人の番人	墓地／修道院
60	愛	十三世紀中葉（一二六六年よりまえ）		シャルル・ダンジュー／アラルド・ディ・ヴァレリ／伯爵夫人／伯爵	仏王ルイ九世の弟／テーティ伯の夫人／ウニヴェルサ伯	決闘
61	機知	古代ローマ	ローマ	ソクラテス／ギリシアの大使	哲学者	政治的背景／地理的錯誤
62	愛・残酷・復讐		ボローニャ	ロベルト／その妻／そのメイド／バリガンテ	領主／門番	『デカメロン』Ⅳ-9《心臓を食う話》
63	機知（狡智）			メリアドゥス／恐いもの知らずの騎士／ある騎士	善良な王	
64	愛	十二世紀後半	ポ・ディ・ノストラの宮廷	ライモンド／メッセル・アラマーノ／ダーマ／グリージャ	ライモンド・ベレンガリオ三世（伯爵）／騎士／貴婦人	隠棲／トーナメント／歌
65	機知（愛）			トリスタン／イゾルデ／マルコ	騎士／女王／王	トリスタン伝説からのエピソード／密会
66	批判・機知（個人）	前五世紀		ディオゲネス（前四一三-前三二三）／アレクサンダー（前四世紀）	哲学者（実在の人物）／マケドニア王	西洋の有名な故事
67	機知	古代ローマ	ローマ	パピロ・クルゾーレ・ルチオ		コンスル

68	徳の修養	前四世紀	ギリシア	アリストテレス（前三八四-前三二二）／青年	ギリシアの哲学者	老↔若
69	寛容・恩寵	六世紀末-七世紀初		トライアヌス（五三-一一七）／グレゴリウス十三世（五四〇-六〇四）	ローマ皇帝／ローマ教皇	キリスト教／異教
70	恐妻			ヘラクレス		ギリシア神話
71	殺人	一世紀		セネカ／ネロ／息子に先立たれた婦人	哲学者／ローマ皇帝	
72	対話	前三世紀		カトー／運命	政治家	ボエティウス『哲学の慰め』
73	寛容			スルタン／ユダヤ人／三人の兄弟	スルタン／金持ち	三つの指環／キリスト教／イスラーム／ユダヤ教
74	機知			封建家臣／主人	封建家臣／主人	いちじく
75	友情（機知）			ドメネディオ／吟遊詩人	王／吟遊詩人	葬式・結婚式・金・食べ物
76	機知（無批判）	十二世紀末	サラディンの土地	リッカルド（一一八九-九九）／サラディン	ヘンリー二世の息子	箴言
77	機知		サルディーニャ／ピサ	リニエーリ・ダ・モンテ・ネーロ／ドンノ・ダルベルト	宮廷の騎士	
78	知の世俗化と神性			哲学者、美女を装った／学問	学問の神様	神性／世俗化／夢・アレゴリー

番号	主題	時代	場所	主要登場人物	その身分・職業・役割	その他
79	解雇の風習			領主／吟遊詩人二人	領主／吟遊詩人	
80	機知・良識	十三世紀中葉	シチリア	ミリオーレ・デッリ・アバーティ／シチリア王	フィレンツェ生まれの紳士	におい玉
81	利害			プリアモ王の二人の息子／エットール	練達の騎士	トロイ戦争
82	愛・死		カメロット（アーサー王の宮殿）／イギリス	アーサー王／ランチャロット／スカロット	ランチャロットを慕う重臣の娘	
83	物欲			キリスト／二人の愛弟子／二人の男	イエス・キリスト／二人の弟子	宝物／聖書
84	教訓	十二世紀中葉		エッツェリーノ閣下	エッツェリーノ・ダ・ロマーノのこと。マルカ・トリヴィジアーナの専制君主で、皇帝フェデリーコの支持者	
85	機知（解決策）	十二世紀後半	ジェノヴァ／サルディーニャ	ジェノヴァの人たち	市民	人口増加による飢餓／ガレー船
86	機知			非常にたくましい男		子供を抱く聖母の絵
87	滑稽			一人の男／司祭	司祭／皇帝	告解
88	機知（仲裁）	十三世紀前葉	フィレンツェ	カステッラノ・ダ・カッフェリ／ペポ・アラマンニ閣下／カンテ・カ	フィレンツェのポデスタ（一二四〇年）	

				ポンサッキ閣下		
89	滑稽			話のうまい男		『デカメロン』VI-1
90	威信	十三世紀前葉		皇帝フェデリーコ／鷹／鷲／鶴	王	
91	狡智（僧侶の腐敗）			ある男／修道士	泥棒／修道士	告解
92	滑稽			善良な婦人／ネズミ		タルト
93	滑稽（僧侶の腐敗）			農夫／司祭	農夫／司祭	献納金
94	機知			キツネ／ロバ／オオカミ		イソップの寓話風
95	滑稽（残酷）		フィレンツェ	田舎者	タブレットを買いにフィレンツェにやってくる	都会に出てきた田舎者
96	狡智		フィレンツェ（サン・ジョルジョ）	ビート／フルッリ	貴族	
97	神の裁き			商人／猿	強欲	水・ワイン・水
98	滑稽			商人／猿		
99	恋愛		フィレンツェ	青年／優しい乙女／別の青年		
100	勇気・機知	十三世紀前葉	ヴェギオの山	皇帝フェデリーコ／妻／刺客	王	

第三章　ルネサンスから近代へ

本章は、ルネサンス後期から末期、即ち近世（初期近代《アーリー・モダン》）へと向けて、時代が、そしてそれを背景に生きたひとびとが、どのように変容していくかを検証するものである。

私見だが、イタリア・ルネサンスの最後を飾る人物のひとりは、トンマーゾ・カンパネッラ（一五六八―一六三九年）だと思う。一六〇〇年に、生身のまま火刑に処されたジョルダーノ・ブルーノ（一五四八―一六〇〇年）をこれに当てる人が圧倒的に多いが、筆者はその意見には反対である。

ルネサンス末期に活躍した傑物たちは、たいていが南イタリア出身で、そのすべてが自然魔術師だと言っても過言ではない。ジャンバッティスタ・デッラ・ポルタ（一五三五―一六一五年）、ベルナルド・テレジオ（一五〇九―八八年）らも先の二人に加えてもよい。この両者はカンパネッラの師匠筋に相当する人物であり、日本ではもっと研究されてよい自然学者たちである。

カンパネッラは貧しい幼少年期を過ごしたが頭脳明晰で詩作にも秀でていた。地元カラブリアの上層階級のひとたちのまえで詩を吟じたこともある。十四歳でドメニコ会士となり、修道院で研鑽を積む。大変な読書家で院内の本はすべて読破するが、読書の傾向が反アリストテレス的傾向を示すにあたって院長から要注意人物とみなされる。その頃から異端のにおいを周辺のひとたちに感得されていた。彼は自然哲学を自然学と形而上学の合わさった学知とみなしている。そうした思考回路を持っていたカンパネッラは多数の著作を遺したが、本章で取りあげる全四巻からなる『事物の感覚と魔術について』と八十九篇の詩を収めた『哲学詩集』は、彼の自然哲学の、前者が論理的吐露、後者は詩的発露、と判断してよいであろう。

日本では未知の両書（前者の第四巻だけが『原典 ルネサンス自然学』上下巻、名古屋大学出版会、二〇一七年の上巻のなかに、村松真理子・池上俊一共訳で収録されている）の一端を第1、2節で示して、カンパネッラの着想や詩想について想い巡らしてみたい。

1　カンパネッラ『事物の感覚と魔術について』

「世界は生きている」

カンパネッラの主著である『事物の感覚と魔術について』は、一六〇四年三十六歳の折、獄中（新城《カステル・ヌオーヴォ》）で執筆された（出版はフランクフルトにて、一六二〇年）。四巻本の構成をとっている。それぞれの巻に表題は付されていないが、おおよそのところ、第一巻が

「事物の感覚」を中心に「神」について考察されている。第二巻は「霊魂」や「精霊《スピリト》」、第三巻は「星界」、第四巻は「魔術」にかんしてのカンパネッラ独自の見解表明の組み立てだ。

本書では、『事物の感覚と魔術について』という書名を重視して、第一巻と第四巻、つまり、「感覚」と「魔術」に焦点を絞って、所見を述べたいと思う。

『事物の感覚と魔術について』は、イタリア語版の表題は *Il senso delle Cose e La Magia* で、そのラテン語版名は、*De sensu rerum et magia* となっている。筆者は一六二〇年刊行の原典ラテン語版と、イタリア語版を二冊所有している。一九二五年版と二〇一一年版である。今回は底本として読み慣れた二〇一一年版（序文はアントニオ・ブルエルス）を用いる。その間二〇〇七年に、現在カンパネッラ研究の第一人者であるエルンスト女史によるイタリア語訳版が出た（前掲の村松・池上共訳書は、この版を底本にしている）。

第一巻第十二章に次のような件《くだり》がある——「本書の第一稿はラテン語で書いたのだが、他の本ともども悪辣《あくらつ》な修道士に奪われ、いま二度と奪い取られないために書き直している」（二〇一一年版、64頁）、第二稿はひょっとしたら俗語（イタリア語）で執筆されたのではなかったか、と思わせる節がある。

第一巻が始まるまえに、「事物の感覚と魔術について」と題された短文の「序」に相当する一節がある（ラテン語版ではオモテ表紙）。

隠秘哲学《オカルト》の驚くべきところは、そこでは世界は生ける神と善智の形象で成っていて、森羅万象あらゆる部分やその粒子にも感覚が存在する、ということだ。その感覚はなかなか消えないほどに歴然としたコントラストを持ち万事につけ照応が見出せる。ここに万物の理法や自然の秘密の幕が上がるのである。（35頁）

この文章のなかで、カンパネッラの著作を読むと頻繁にお目にかかる「世界は生きている神で出来ている」という文言に出くわす。それは、「世界が生ける神」という言葉でも登場する。「生ける神」は「生ける神殿（寺院）」といった表現で記される場合もある。第一巻第九章の表題も、「万物は空虚を嫌うがゆえに、相互の接触を感覚し享受し合う。つまり世界は生きている、ということ」（55頁）とあるのに鑑みても、カンパネッラ・タームであることが明らかである。

引用文の文頭の「隠秘哲学《オカルト》」は、Occulta Filosofia の訳語であって、「隠された哲学」の意味であり、「公開」ではないことを示唆している。冒頭から「隠密」を謳《うた》っているわけだが、この術語がおのずと本書が前近代的な著作であることを明示してくれている。したがって読後の第一印象でも分明なのだが、表題のあとに叙述される本文の内容が飛躍に富み、一文一文がセミコロンでつながった長文で成り立っていて、はなはだ読みにくい。読み手の側が適宜区切りをつけていかなければ判読不能となる。

　カンパネッラは本文の文章まで「感覚的」に書いたのではないか、とうがってしまう。それはそれでひとつの魅力であるが、邦訳の際には労苦を強いられる。

有機体的世界観

　第九章をもう少しみてみよう。というのも「世界は生きている」を表題に含む第九章のあとには、正反対の「世界は死すべき生き物である」とした表題を持つ第十三章が控えていて、対《つい》をなしているからである。いや、むしろ「生あるもの」、必ず「死す」ことを述べているのかもしれない。

　第九章のなかで最も重要な一節を次に掲げる。

> 世界はすべての感覚を持つ一匹の生き物で、遍在する生命の諸部分を享受していると断言すべきである。（60頁）

世界が感覚を有する一匹の生き物で、生命が遍在している——これは一種の汎生命主義の顕現であり、アニミズムの吐露でもあるし、カッシーラー（『認識問題I』）の言葉を借りれば、「世界有機体説」でもある。そしてこの引用文は、自然が内側から自発的にひとつの共通の目標をめざして運動し、そこにみずからの統一性を発見するような多様な現象の一系列を指してもいよう。

「自然は数学の言葉で書かれている」と言ったガリレイの数学的世界観とも、その発展形態としての、デカルトの機械論的世界（自然）観とも相容れない世界観・自然観である。

一方、第十三章では「世界は」どのように「死すべき生き物」として論じられているかを考えてみよう。ここでも、「世界という動物」という表現がとられている。

私はヘラクレイトスや聖ペテロが教示するように、火による世界の死を予言した。したがってこの世界という動物はつねに反対物を失うことで崩壊するであろう——しかし天に、アリストテレスも知らなかった、一大変異が起こって永遠が世界に幅をきかせ、世界の死が顕著となる。（66頁）

世界が永遠という無限なる時空間によって圧死させられるかのごとくである。世界は動物だから死をまぬがれない、という段になって、表題中の「世界は死すべき生き物」に至る。生死円環の思想が見受けられる。

生死を表わすのに「生き物」を介在させて、カンパネッラは論を展開していく。「寄生虫」、「うじ虫」などの虫類で表現される場合もある。

汎感覚的なカンパネッラの視座は、これだけではおさまらない。

第五章では、「全生物」が「感覚していて、もしそうでなければ世界は混沌《カオス》になる」（74頁）とあり、さらに「万物の感覚が真正であるという徴《しるし》は世界の秩序と事物の進化、感受性のある動物の類性についての論拠である」（47—48頁）とまで言い切っている。

「世界の秩序」とは「コスモス」と同義だと推察される。秩序を統《す》べるのが「神」となる。「神こそが万物のなかでの第一原因」（50頁）であって、「世界を形成し、事物を創造して、事物に自己保存と自己変革の徳性を一度に授けた」（50頁）のである。

「感覚」の位置づけ

それではカンパネッラは、感覚それ自体をどう位置づけているのだろう。

第六章では、「水は感覚を有して水となる」（51頁）といった文言がみられる。第四章の表題は、「……感じることと知ることとは違う」とある。

第二章には、「感覚とは、他の形あるものとは違う存在の一典型ではなくて、能動的な力を持つ不可欠なものである。……太陽は感覚するし、地球も感覚しなければならない」（38―39頁）とある。

これらの引用文からは、感覚には能動的な力があって、それが必要不可欠なものであることと、太陽も地球も感覚せねばならぬ存在である、とカンパネッラが考えていたことがわかる。感覚には形がない、とも述べている。

そうならば、形なき能動的力のあるものが「感覚」と定義されよう。だから水は、能動的力を得てはじめて水となるわけだ。

ここでカンパネッラの処女作である『感覚で確証された哲学』（一五八九年）を覗いてみよう。この本は若きカンパネッラが、カラブリア地方コセンツァ在住の自然哲学者テレジオの影響下で書いたもので、感覚についてもむろん言及している。その序文に、「結論としては、事物の本性を究明するに当たって、感覚に一任すべきだ、ということである。そうすれば、実際そうであり神もそうであったように、感覚は直截《ちょくせつ》的に役目をまっとうするはずである」とある。これは、感覚への理解は人間の精神では無理であり、感覚自体をありのままに解き放つのが肝要だと解してもよいだろう。

また、「感覚というものはアリストテレスが評価するように、完璧に受苦的であるばかりでなく、やはり腐敗的である」（46頁）ともある。「受苦」とは、passione（英語ではpassion）である。この単語、おおかたのひとは「情熱」という訳語をあてがってしまうだろうが、本来的意味は、「キリストの受難」の「受難」であり、「受苦」もそこに端を発している。「情熱」は近代になって生まれた語義だ。

「受苦」からなぜ「情熱」が生まれたのか。これは一考に値いする。「受苦」は、「受ける苦」、「苦を受ける」ということだが、負のイメージの「苦」を受けるには、あらかじめ受け取る側のほうに、苦を受容するに足る活力《エネルギー》がなくてはならない。つまり、苦を苦そのものとして甘受する力（素地）が必要、ということである。

英語の「patient 患者」が passion の仲間の言葉であることからも、患者こそ苦を受け止めている存在であり、医療的処置を施されて回復するまえに、患者自身のなかに自然治癒力が潜んでいて、その下地が注射や薬などで活性化されて病気が治るわけである。

それゆえ、「受苦」は「苦を受ける生地《きじ》」を要し、その「受容力」が活性化して、外部へ向けての「情熱」の意味に転嫁した。「受苦」と「情熱」は円環している、と言ってよい。

ひとつの単語のなかに対立する意味を有している——「反対物の一致」がみられ、これは魔術の知（わけても錬金術の、全即一、一即全）を示唆している。

三つの基本原理

カンパネッラには、森羅万象を構成する三つの基本原理があって、『太陽の都市』（邦訳名『太陽の都』、近藤恒一訳、岩波文庫、一九九二年）でも、「ポン」、「シン」、「モル」として、指導者である太陽（「形而上学者」）の補佐役を担っている。

この三名はそれぞれ「力（ポテンツァ）」、「知（シエンツァ／サピエンツァ）」、「愛（アモーレ）」の略称である。

この三つが『事物の感覚と魔術について』の第一巻にも登場する。第七章中の一節——聖トマスが「あらゆる感覚には神が関与している」（54頁）と述べたあと、「私（カンパネッラ）が『形而上学』のなかで万有は力《ポテンツァ》と知《サピエンツァ》と愛《アモーレ》で構成されている」（54頁）と記している。

「知」が『太陽の都市』では「シエンツァ」で、『事物の感覚と魔術について』では「サピエンツァ」になっている。この場合、さしたる相違はないと思うが、イタリア語には「知」を表わす単語が複数あるのでこの機会にまとめておこう。

サピエンツァ　sapienza　叡智（神智）

シエンツァ　scienza　学知（人知・客観知）
コノシェンツァ　conoscenza　知識
コグニツィオーネ　cognizione　認識
プルデンツァ　prudenza　思慮・分別
インテリジェンツァ　intelligenza　知性
サジェッツァ　saggezza　知恵
インテレット　intelletto　理解力・知能

「シエンツァ」は近代以降、「科学」と訳されるようになった（英語の「サイエンス」に相当）。

ところで、「世界は死すべき生き物」で、「世界が永遠という無限なる時空間に圧死させられる」と先述したが、文中の「無限」が問題である。カンパネッラより二十年早く生まれ、主にアルプス以北の国々で活躍した、ナポリ近郊のノラ出身のジョルダーノ・ブルーノこそが、「宇宙は無限である」と主唱し、「神」を「万物の象徴的な存在」、「自然」を「神の跡」、「人間」を「神の影」とした。

ブルーノは地動説（太陽中心説）を支持した人物でもあった。カンパネッラは、ガリレイの影響下、実地観測の客観的観点から天動説を否定しつつも、宇宙を統べる「神慮、神の摂理」という視点から地動説を最終的に支持出来なかった。つまり、「魂や精神」は天動説、「頭脳」は地動説と双方に両足をかけながら、ねじれた宇宙観を抱くに至るが、「無限」についての発言は次に掲げる第十三章に登場する。

コペルニクスにとって、たとえこの地球が他の量よりも比較にならず大きいものと思われても、私は神がこの小さな球体のなかで力を出し尽くしてしまったとは確信せずに、天球の外にも他のものが存在する可能性があり、神が無限の諸世界をさまざまな形態に仕立てることが出来る、と踏んでいる。（65頁）

「無限」、「諸世界」——ブルーノの著書『無限、宇宙と諸世界について』（一五八四年。清水純一訳、現代思潮社、一九六七年／岩波文庫、一九八二年）を想起してしまう。

コペルニクスは天球（地球上の観測者を中心として想定された半径無限大の球面）の存在を信じていたが、カンパネッラは天球の外に存在するものがあるかもしれないと述べ、さらに、第八天球（恒星天）に石を投げてみて、届いたならばそこまでが空間であると付言している。現代からみてこうした幼稚な発想も、カンパネッラにはよくみられる。

無限の諸世界を形成する神にこそ感覚が由来している。能動的力がその感覚には備わっていて、感覚を有する事物から万物が産出されることになる。記憶は、予知し得る繰り返される感覚で、会話は、自分と同類の他の者のための感覚に似た感覚であるという。

汎感覚主義者カンパネッラの「感覚賦与」には際限がない。

「魔術」とは何か

第四巻の魔術篇に入るまえに、「魔術」とは何か、に再度触れておこう。

魔術とは、自然界のある対象物に人為的に効果を及ぼす術のことである。神為的にではないことが重要だ。

ジョヴァンニ・ピコ・デッラ・ミランドラ著『人間の尊厳についての演説』は、「人間篇」と「自然篇」に分かれているが、「自然篇」に魔術について書かれている。それはジャンバッティスタ・デッラ・ポルタの『自然魔術』（一五五八年）にも継承されていて、魔術にたいして両知識人の見解は同一である。

二人によると、魔術には自然探究を旨とする白魔術と、呪術、妖術、降霊術を旨とする黒魔術の二種類があって、白魔術のほうが高等で尊重されるべきものとされている。他方、黒魔術はいかがわしくて劣悪な類と記されている。白魔術は時を経て「自然魔術」と呼ばれるようになる。

ここで言う「魔術」とは、この言葉の由来から推して「知識、知見」の意味が妥当であろう。

「魔術」とは当初は「僧侶」を指していた。古代にあって僧侶が唯一の知識人であったから、いつの間にか「魔術」が「知識」の意味をおびるに至ったわけである。

「自然魔術（白魔術）」とは、自然（界）にたいしての知識を指している。自然を距離を取って客観的にみつめ、自然の何たるかを研究しようとした――しかし近代自然科学にはなり得なかった。自然魔術師たちは、自然を客体化して捉えようとした点では近代自然科学的であったが、自然界の対象物に霊魂の存在を見極めようとしたので、汎神論的、アニミズムの思考回路に陥ってしまった――その意味で、中世的残滓のある複数主義的な研学態度であった。

以上の事柄を踏まえて、『事物の感覚と魔術について』の第四巻、魔術篇をこれから検討してみよう。そしてカンパネッラが追究している魔術とは何かを、検討事項の最後に挙げてみたい。

共通感覚

例えば第一章に以下のような一節があって、カンパネッラの知的源泉が明らかとなる。

しかしもっと賢明なトリスメギストスが言うには、人間は世界の奇蹟であり、神々よりも高貴あるいは対等である。それについても人間は大理石やブロンズの神々を造り、一定の星座のもとでそれに霊魂を与えたり受け取ったり出来る能力を、その理性のなかに兼ね備えている。（249頁）

カンパネッラが『ヘルメス文書』を読んでいることがわかる。また人間と「神」でなく「神々」との比較を書いているところなど、ローマ教皇庁にしてみれば異端のにおいが漂っていたことと思われる。

カンパネッラの思想は、その師テレジオの感化で、冷と熱との対立や葛藤に万物の運動の根源的エネルギーをみる動的なものである。カンパネッラはさらに、個々の霊魂を世界霊魂《アニマ・デル・モンド》にまで高め、宇宙空間全体に活性的な役割を負わせた。つまり、「冷（憎）としての地球」、「熱（愛）としての太陽」の対立で考察される宇宙空間のなかには世界霊魂がどこにでも顕在していて、縦横に動きまわっているという。このマクロコスモスの動的構図がミクロコスモスである地上のさまざまな事物にも生じており、呼応・照応関係がはっきりとうかがえる、というわけである。冷と熱との対立――動的な宇宙観のカンパネッラは、ブルーノやガリレイの宇宙無限論にたいして、先述したように、ねじれた理解をせねばならなかった。彼はこの宇宙を、万物が形成されるに当たって世界霊魂の活力が潜在的に含まれる無限世界として把握している。さまざまな段階で完璧なリズムのとれた宇宙にあって、人間をはじめとして、動物や植物の各々の世界が実現されるというわけだ。

第十章に次のような一節がある。

宇宙はすべて共通感覚で生きている。さらに私たちのなかにもあるように、宇宙にはその精神もある。また加うるに、共通に普及伝播した各々の事物にとっても特定の感覚が存在する。（291頁）

こうした感覚や精神重視の宇宙観はガリレイの数学的な宇宙観とは性質を異にして、秩序立った力や霊的な力に寄りかかった解釈である。ガリレイはこうではない。ガリレイにとっては「自然物の形や重さ、それに量」を知ればよいのであって、カンパネッラの掲げる宇宙の精神とか宇宙に共通な感覚などといった非具体的なもの、つまり質的なモノは研究の対象外なのだ。ガリレイにしてみれば自然とは人間によって改造されるべくしてある道具であり、人間と対立した存在、いわば客体として即物的にあるのである。カンパネッラは全くその逆で、精神や感性を有した価値のあるものとして自然をみつめている。

自己保存

カンパネッラは生物には自己保存の欲求があって、それを推進することこそ善であり、その善に基づいて根本的に新しい共同体的社会秩序を創設することを提唱した。

繰り返しになるが、カンパネッラの哲学には、力（ポテンツァ）、知（サピエンツァ）、愛（アモーレ）の三つの基本原理《プリマリタ》がある。その基本原理のうち、「力」とは自己保存の力であり、自己保存をまっとうするためには自己を外側からも内側からも知らねばならない――これが「知」である。また自己保存の内的な欲求が「愛」とされる（「力」と「知」は「愛」から生まれるとも述べている）。この三つは人間のみならず自然界の事物にも認められていて、自然を生き物とみなしていることが理解されよう。

カンパネッラは、自己保存を完遂させ得る、善の支配する社会こそが理想の社会だと考える。それは偶然によって生み出されるものではなく、世界霊魂と結びついた魔術的な力

(ネットワーク)を得てはじめて可能となる。世界霊魂とは人間や事物を活性化するのみならず、社会にまで清新な息吹を与えるものなのである。

『事物の感覚と魔術について』第四巻第十九章「占星術が善き魔術師やその力にとって必要であること」には次のように書かれている。

　人間のなかで最も偉大な魔術的行為は人間に法律を与えることである。牡羊座の三角形の下には君主国と正当な法と真実の預言者、それに西欧のひとたちがいる。牡牛座の下には共和国と日によって頻繁に変化する多種多様な法がある。双子座の下には聖職者や祭式の法、迷信で部分的にひどく穢れた法、商売の法、機械術の法がある。(342頁)

法律も占星術のうちに組み込まれてしまっているが、一六〇二年に獄中で執筆された『太陽の都市』は以上のような社会意識のもとに書かれたユートピア作品である。おそらく冷と熱との対立物の一致(統合)を希求した彼は、その実践として故郷のカラブリアの町、スティーロで善の共同自治体建設のため、スペイン当局とカトリック教会側にたいして革命を企てたのであろう。もちろん当局に発覚して捕らえられ、以後二十七年間の獄中生活を強《し》いられることになるのだが。

そのとき考えた理想国家が『太陽の都市』に描かれている。その都市国家を統治するのはポンと呼ばれる「力」、モルと呼ばれる「愛」、シンと呼ばれる「知」であり、その三者を統括するのが形而上学的存在の「太陽」である。三者は前述の三つの基本原理と重なり合い、太陽崇拝にはヘルメス思想の影響が看取出来る。自然界のみならず人間社会も宇宙の普遍的な原理によって支配されているのである。

これを人間社会や社会秩序の位置からみれば、宇宙の普遍的な原理や精神（マクロコスモス）を映し取ったものが現実の社会（ミクロコスモス）となる。しかも現実の社会は自己保存という善を実現するために効率よく働かなければならない。そこでカンパネッラは「宗教」を持ち出してくる。社会統治の責任を負っている人間が、支配の普遍化を生み出す上で用いるのが宗教だと考える。この意味で、カンパネッラにとって宗教とは端的に言って、有用性（支配に役立つこと）とイデア（宇宙の普遍的原理を映すこと）の二つの意味があった。これは宗教の魔術的解釈にほかならない。なぜなら有用性のほうは統治に役立つ具体的な技（人間のなし得る農耕などの技も魔術の一種だと考えられた）であり、イデアのほうはその原理だからである。彼はマキァヴェリの、宗教は統治のための「方便（道具）」である、という考えに反発を禁じ得なかった。マキァヴェリは政教分離の上での宗教、そして純粋なる世俗国家の創建を企図した。それに反してカンパネッラは、世俗（スペイン）の軍事力を後ろ盾とした聖界の長者（教皇）による宗教国家の樹立が思想の根本にあった。彼は七十一歳で死ぬまで正統派のクリスチャンを自任していたが、キリスト教と本来的に相容れない多神教的、汎神論的な魔術を信奉した人物でもある。そういう人間のなかでの宗教の位置づけは、きわめて興味深く思われる。彼は「宗教」という肩の上に乗って世界をみていたに違いない。

独自の魔術観

自然探究に用いられていた魔術がカンパネッラに至って社会改革にまで用いられるようになった。これは十六世紀末葉から十七世紀初頭にかけての世紀末的な時代背景も大きくかかわっていたであろう。カンパネッラをはじめ多くの知識人のあいだで、世界終焉《しゅうえん》の予兆が吹聴《ふいちょう》された。洪水や地震がやってくるとも噂《うわさ》された。しかし一方で、われわれ二十一世紀の人間が近づきやすい考え方（自然科学）も確実に芽吹き始めていた。

例えば自然魔術の重要な理念である「共感魔術」を語るときによく引き合いに出されるものに、男女間や各動物間での相性の良さ（エロース）があげられる。また「磁性」（N極とS極）の不思議も、磁石の粒子の方向性を考えることによって明らかとなり、また「虹」

も、光の反射と屈折を考察することによって説明がつくようになった。この時点で一部の自然魔術はその任務を終了して近代科学へと格上げされる。十七世紀後半までにこのようなような事態が実際に起こってくる。

時代の子カンパネッラはこうした現実を踏まえて、第四巻第五章で鋭利な分析を試みている。

学者《シエンツィアーティ》が、知られざる技巧を用いて、自然を模倣したりもしくは授けたりすることによって、何事かを為すとき、無知文盲の徒のみならず通常のひとびとにも、これらはすべて魔術の仕業だとみえるのである。……その技巧がわかるまではずっと魔術の仕業だと言われていたが、技巧がわかってしまえば、ありきたりの科学（学知）だと考えられるようになった。

火縄銃や印刷の発明も魔術的な事柄であった。磁石もそうである。しかし今日では誰でもその技巧がありふれたものであることを知っている。同時に時計や機械的技巧の発明も、その構造が衆人に公開されてしまうと、途端に尊敬されなくなってしまう。ところが自然学や天文学や宗教の事柄は広く知られることが稀である。そしてこういう事柄を古代のひとびとは魔術として理解したのである。（267―268頁）

結局、自然学や天文学といったいまだに解明されていない学知が魔術であり、他はすべて科学ないし科学技術が公にしてしまってその秘儀性を排除してしまった。天上の力を利用した魔術師の個人芸とも称される「隠れた（オカルト的）」自然魔術（白魔術）、つまり自然探究が、公開を建前として社会的利益をめざす近代科学技術にしだいに吸収されて、管理される技術、ある程度の素養さえあれば誰でも習得できる技量になると、魔術でなくなる。一個人である魔術師ではなくて社会的利害や産業資本が自然を操作するようにもなっていく。

当時の客観知《サイエンス》ではどうしても解決のつかない事柄や現象――それが魔術と呼ばれるようになって、合理（科学）の正反対の非合理のレッテルがはられる。以前はキリスト教を合理とした上での非合理が魔術であったが、十七世紀以降は宗教としてのキリスト教が科学から分かれて成立していくため（科学と宗教の分離）、科学的合理の対極に魔術的神秘、非合理が置かれることになる。現在魔術というと、神秘的な魔法や手品の類を想像してしまうのはこのためであろう。

この観点でいくと自然魔術は、近代科学の誕生、科学と宗教の分離などのいわゆる多面的な知の流れの中洲にあって、両者の流れにきわめて大きく影響を及ぼしたことになる。

こうした事実によってカンパネッラがルネサンス末期（初期近代、近世）に果たした知的役割は評価されるべきだろう。

ところで第四巻第一章にカンパネッラの魔術観が表われている。

……第一に神の恩寵のない人間にはその作用が理解できない神的魔術《マジィーア・ディヴィーナ》で、これはモーゼや他の輝ける聖人がわずかな学知で、神の使者として自然を自分たちに従わせることで多くの奇蹟を行なった魔術である。第二に、星、医学、自然学の魔術としての、自然魔術《マジィーア・ナトゥラーレ》、さらにこれら学知に好意を寄せるひとに信頼を与えるために宗教を加える。第三は、悪霊術を解しないひとにたいして奇蹟を行なうひとが使う悪霊魔術《マジィーア・ディアボリカ》である。

……以上より、自然は媒体であって、創造主をあわれみ尊敬して自然魔術を効果的に用いるひとは、高められて自然を超え天上界に仲間入りすることが出来る。しかしひとびとに魔法をかけたり毒を盛ったり、腹を立てたり騙したりすることに耽《ふけ》るひとは、悪霊につけこまれていっぱいくわされ、破滅へと導かれるのである。（248―250頁）

ピコやデッラ・ポルタと同じく自然魔術と悪霊魔術（黒魔術）の二つに分けたが、カンパネッラはいかにも彼らしく、神的魔術を頂点に置いてそれも含めて三つに分類している。ひとは自然魔術の用い方しだいで、上方の神的魔術に上昇したり下方の悪霊魔術に落下したりするものだと書いている。ここには可能態としての人間存在という見方（自由意志を持った実存的人間観）があり、フィレンツェ人文主義の代表格マルシリオ・フィチーノの系統を引いていることが明らかである。

実際カンパネッラはフィチーノの著作を読んでいた。彼はフィチーノよりさらに深く、『ヘルメス文書』をさかのぼっていこうとした。フィチーノ同様占星術を信じた彼は、惑星のなかでいちばん影響力を持つ太陽を宇宙の中心に据えた。後年彼は新宗教を唱えるに至るが、それは太陽の動きを中心に展開するものとなっている。キリスト教をはじめとするあらゆる宗教の盛衰は占星術的に決定されるとまで考え、己の死期も占星術で占って、その占いのとおりに世を去った。

新プラトン主義、占星術、歪んだカトリック信仰、天動説と地動説とのあいだで揺れた宇宙観、魔術、汎感覚論、世界有機体説——こうした術や学のなかに身を置いたカンパネッラを、複数主義的視点で評価しなかったら、彼を貶《おとし》め、礼を欠くことになるだろう。

2　カンパネッラ『哲学詩集』

人知の体現

『哲学詩集 *Poesie Filosofiche*』は、『幾篇かの哲学詩からの選集 *Scelta D'alcune Poesie Filosofiche*』の略称である。

既述のとおりカンパネッラは少年期より詩作にいそしみ、その詩才は高く評価されていた。獄中にあっても詩作を続け、『哲学詩集』に編まれた詩以外にもかなりの詩作品が遺されている。

『哲学詩集』は全八十九篇からなり、カンパネッラの信奉者で弟子の、サクソニアの人文主義者トビア・アダミ(一六四三年没)によって、ドイツの某所で、偽名(Settimontano Squilla ――「七つの山の小さな鐘」の意)で一六二二年に出版された。カンパネッラは普通名詞で「小さな鐘」の意味だ。彼の頭には七つの瘤《こぶ》があったらしく、「七つの山」としたのはその瘤を象徴していたのかもしれない。

カンパネッラはカラブリア地方をスペイン政府やローマ教会の苛政《かせい》から救おうとし、首謀者として革命蜂起を企てるが、事前に発覚して、一五九九年から一六二六年までの二十七年間牢獄につながれていた身となった。

獄中で詩稿をアダミに手わたす際、カンパネッラ自身、詩の解説をアダミに口述筆記させている。

さまざまなテーマが、内容の関連性に目配りをきかせて体系的に並べられている。カンパネッラの世界観を詩という韻文をとおしてより直截的にうかがい知ることが出来る。全篇、彼が牢獄でもたえず詩作を怠らなかった営為の結晶と言えよう。『哲学詩集』を「末期ルネサンスの核心」に位置する「体系化された人知の体現」と称賛する研究者もいるほどだ。

ソネットあり、カンツォーネあり、マドリガーレありで、多彩な構成をとっている。今回は八十九篇すべてを紹介するのは無理なので、1（序）から、3の長詩を除いて22までを考察の対象とする。22までが、3を除いて、すべてソネット（十四行詩）で成り立っていて23以後がカンツォーネ（定型の複数の詩節からなる抒情詩）、それに付随する複数のマドリガーレ（十六世紀に栄えた三声部以上からなる世俗歌曲）で構成されており、紙幅に限りがある本稿では扱い切れないからでもある。

カンパネッラ・ターム

1(序)から22までは内容に鑑みて分類が可能である。

1と2は、潑剌《はつらつ》とした宣言にも比されるべきソネットで、両者では1がよりすがすがしい(底本には、ジョヴァンニ・ジェンティーレ篇『カンパネッラ詩集』一九三九年版を使用する)。

1 序

ぼくは永遠の知性と叡知から生を受けた、
真、善、美を愛する点では人後に落ちない、
乱世を糺《ただ》さんと反乱を企てたぼくだが、
母の乳を再び、と希求する。
　母はぼくを育て、夫を敬い、
新約・旧約を問わず聖書をわかりやすく簡潔に、
かつ奥深く教えてくれた。
いまいろいろと聖書について想い巡らせるのも母のおかげである。

全世界のひとたちがぼくの家と同じなら、
友よ、人間の叙した書物を棄てよ、
長さや重さや広さの単位を記しているにすぎないのだから。
人間の言葉が事物の本質を言い当てられないとすれば、
友の苦しみ、傲慢、無知を、
ぼくが太陽から盗んだ火で焼却してやろう。
（21頁）

『哲学詩集』の出版は、獄中のカンパネッラの著作品のほとんどをドイツで上梓してくれたトビア・アダミの尽力による。この「序」は刊行のメドがついたときに詩集全体の緒言を飾るものとして、カンパネッラが口述したものを、トビア・アダミが書き留めたと思われる。したがってカンパネッラの哲学的考察や詩作のモチーフが凝縮されたソネットとなっている。

「序」の最後に書かれている「太陽から盗んだ火」というのは、言うまでもなく、プロメテウスの神話を下敷きにしている。人間に火を与えるために太陽神から火を盗んだプロメテウスを、ゼウスが怒ってコーカサス山に鎖で縛りつけた逸話である。カンパネッラ自身も、一五九九年の革命蜂起で失敗し、ナポリの「新城」に軟禁されていた。「序」では、

「火」が、苦・傲慢・無知を焼き尽くすと述べられているところから、カンパネッラ的比喩とみなしていいであろう。つまり、知の百科全書的有機性の回復、政治と宗教界の革新と刷新に不可分な浄化を担うべき要素として、「火」を用いている。

一六〇七年、「新城」からいっそう過酷な獄中生活を強いられる「サン・テルモ城」に移管されていたカンパネッラは、友人に、自分はプロメテウスのようにコーカサス山に拘束されているが、それは自分に課せられた責務を果たしていないからだ、と書き送っている。カンパネッラが抱いている使命とは、キリスト教各派の融和をなし遂げることにある。

十行目の「人間の叙した書物」は原詩では le seconde scuole で、直訳すると「二番目の学び舎」の意味。「自然という神が書いた書」でなく、「人間の手による書」を指し、それを批判している。カンパネッラの根本的思想に、「自然こそ神の書（自然は神の言葉で書かれている）」という思念があり、聖書こそがそれを具現化したもの、即ち、第一の書なのである。

4から6までは、『事物の感覚と魔術について』でも言及した汎感覚主義の吐露となっている――「世界は生きている、生き物」の類である。三詩のなかで最も著名でよく引用されるのは、「6　哲学の方法」で、「世界とは生きている寺院」という詩句が中心となって詠まれている。

ここでは、4を紹介、分析してみる。

世界は巨大な生き物

4　世界とその諸部分について

世界は巨大にして完璧な生き物で、
神が称え、その御姿《みすがた》の全き生き写しとした、
ぼくたち人間は欠陥ある虫で、卑しい種子《たね》である、
世界という腹のなかで生まれ、寄生虫と化している。
神の愛と知を蔑《ないがし》ろにすれば、腹のなかの虫は己を
知ろうと努めず、詭弁を弄するに至るので、
世界にたいして畏敬の念を抱かねばならない。
大宇宙のなかの大きな生物である地球に人間は棲《す》んでいるが、
からだにわくシラミにも似て、
ぼくたちは苦を受ける身である。
傲《おご》れる者たちよ、

ぼくといっしょに目を上に向けて、
この世にある生命体が皆いかに貴重かを計れ、
そして世界のどの部分に属しているか学ぶがよい。

（29頁）

作中の、「世界」、「人間（の腹）」、「（寄生）虫」――これらはカンパネッラの作品（例えば、『太陽の都市』、『事物の感覚と魔術について』、『ガリレオの弁明』）によく出てくる発想・表現であり、人間の微小性を述べているが、微小なる神としてあることも暗に示している（マクロコスモスとミクロコスモスの照応）。それゆえ、世界のなかで人間みずからが置かれた位置を確認し、普遍的理性や人間の矮小さをきちんとわきまえ、単なる小獣にすぎぬことを知悉《ちしつ》した上で、謙虚たれと主張している。

また、「生き物」、「生物」、「生命体」は、「animal」「animale」「ente」の訳語であるが、こうした単語を用いて詩作するのもカンパネッラらしく、彼の汎生命的思想がうかがえる。

7と8は、苛政、詭弁、偽善、といった三大悪についての詩である。これから8を引用するが、カンパネッラの件《くだん》の三つの基本原理へのこだわりがいかに大きなものであったかがわかるはずだ。

8　世界の諸悪の根源

ぼくは三つの極悪を打ち倒すために生まれた、
苛政と詭弁と偽善である。それで正義の女神《テミス》がいかに調和よく、
力と知と愛について気づかせてくれたかを悟った。
　これら三原理は、偉大な哲学を見出す上で、真理であり最高のものである。
世界であるあなたよ、
三原理はみなが泣いて暮らすこの世の三悪に、
大鉈《おおなた》をふるいもする。
　三大悪のもとでは、
飢饉、戦争、疫病、怠惰、欺瞞、不当、色欲、虚言、憤懣《ふんまん》でさえ、
すべてが屈したままである。
　三悪は無知にふさわしい息子である盲目的自己愛に
根をはびこらせ、伸長している。
だからぼくは、
その無知を根絶やしにするためにやってきたのである。

（32―33頁）

カンパネッラみずからが、救世主的使命感を抱いていると自覚していることが看取される。「三つの基本原理」とは、繰り返しになるけれども、カンパネッラが『形而上学』（第二巻第六章の二）で、三つの「プリマリタ primalità」と呼んでいるものに等しい。つまり、Potenza（力）、Scienza（Sapienza）（知）、Amore（愛）で、それぞれがカンパネッラの哲学にとって三原理を顕わし、神にあって完全に実現へと至る。世界の諸悪はすべて、苛政、悪の力、詭弁、過《あやま》てる学、偽善に有利に傾いており、テミス（オウィディウス『変身譚』第一章三二一に記されている、ギリシア神話の正義の女神で、ギリシアに神託を下した、と言われている）が、理性的に、「プリマリタ」という新しい哲学を教授してくれたのだ。結局、カンパネッラの言によれば、「知恵を持つひとが多ければ、世は救われ」（「知恵の書」第六章二十四）るのである。

9と10は、自己愛と普遍的愛を詠んでいる。9では自己愛を否定的に捉えている。そして10では——

10　自己愛と普遍的愛を較《くら》べて

この（自己と宇宙の創造者として断言する）自己愛には嫌気がさすものの、生きんがためやむを得ず、ひとは、思慮深く、善良で、勇敢であるふりをする。
この三つの装いのせいで身の破滅を招き、
ついに改心するのである（誉《ほま》れは純粋な言葉にあり、黄金は輝くけれど、ひとの辛苦は隠せず、むなしいもの！）。

　他人の徳に感ずる嫉妬心は、
自己批判の形で還《かえ》ってきて、屈辱、破局、労苦へと
自己愛を公然と貶《おとし》め、焙《あぶ》り出してしまう。それに反して神の普遍的愛が及んでいるひとたちは、ひとびとをみな兄弟とみなし、神とともに善なる歓びに浸る。
　聖フランチェスコよ、あなたは、魚や小鳥をも同朋と呼び（おお、これを知るひとこそ幸いである！）、
ぼくたち凡人と違って、あなたはいつもにこにこして、
気がつけば、動物たちの言葉にも耳を傾けている。（34―35頁）

「自己愛 proprio amore」を9と同じく論難するにあたって、「神の普遍的愛 comme amore」を持ち出してきて、聖フランチェスコを例に、聖人を称えているソネットである。

カンパネッラは、革命を企図するくらいの人物だから、自己愛が嵩《こう》ずるとやがて国家間での「嫉妬心」を煽《あお》って愛国主義がはびこり、戦争が始まって国が滅ぶ原因になるという思想を、この詩に託しているに違いない。

一方、普遍的な真の愛とはまさに神の愛であって、国よりも世界を、換言すれば、自己よりも故国を価値あるものとみている。聖フランチェスコを登場させたことは、聖人の生き方が、文字どおり、権力でなくて愛と純真と清貧に満ちたためだったからだろう。

世界劇場とイエス・キリスト

11から17までは、さまざまなテーマを扱っているが、それらのなかでも14に「世界劇場」という成句が登場してきて好奇心をそそられる。

14　人間は神や天使たちの舞台道具である

仮装の世界劇場では
肉体から出離した霊魂と、肉体の想いの込められた霊魂こそが
見せ場の究極である、

自然や神の御業でも成り立っている、
　この世に生を受けた者、皆すべてには訴えるものがある。
舞台で作品が上演され、合唱がつぎつぎに続く。
歓喜と苦悶に身を包んで喜劇《コンメディア》を書くことで、
運命の書が整えられる。
　神が万民に歓びを与えるために満を持して書かれるもののほかは、
何も知りたくないし、
認めたくないし、したくもないし、耐える気力もない。
　そのときついに舞台道具と化して悪行に至った際、
仮装は大地や天空や海に戻ってしまって、
神におもねるひとが浮かびあがってくる。

（37―38頁）

「肉体は霊魂の仮装（仮面）」であるとカンパネッラは主張している。肉体はいちばん大切な仕事をするのでなく、舞台上の人工的な役を果たすのである。
いろいろな仮装が馬脚を顕わしてくると、生きた光である神には、すべてがお見透しとなってしまう。負の想にかられる者は善行をするし、最後の審判に描かれる「喜劇《コンメディア》」の知識を待ったり、和解を必要とする者も出現したりする。

「世界劇場 il teatro del mondo」を提示して、人間界が一舞台であり、役者が人間だとすることで、それを統べる神の透徹した存在を意義づけている。つまり、世界をひとつの劇場とみなし、天上の高みから人間世界を見下ろしてこれを眺め、あれこれ論評するのである。新訳聖書の「コリント信徒への手紙一」の第四章と第九章の内容を汲み取ると、神が使徒を遣わした理由が、パオロをはじめとして筆者たちが、世界・天使・人間という役を担うため、となっている。

最後の18から22までは、表題にすべて「キリスト」の名がみられる。

18　われらが主たるキリストに
19　キリスト、昇天のとき
20　われらが主、キリストの墓のなかで——信仰なき者たちへ
21　キリストの聖墓のなかで
22　キリストの復活に際して

いずれも優れたソネットであるが、18が引用に値すると思われる。理由は、18で、カン

パネッラが当該詩を書きあげた時期が想定可能だからである。

18　われらが主たるキリストに

いまの世の中、あなたを信ずるひとびとは、
あなたのために十字架に掛けられたひとよりも、
御身を十字架に掛けた者どものほうに似通っている、
善なるイエスは、生涯流浪の身で、みずからの思慮分別を見定めた方である。
不節制、悪口、背信、そして中傷は、
すこぶる尊敬に値する聖人たちの心に、
常軌を逸した苦悩、恐怖や悲嘆の罠《わな》にかけようとして、着々とはびこり出している
（〈黙示録〉に苦痛などあまりない）。
御身にとって悪い知人・友人どもにたいしては、ぼくと同じく武器を。
心を読めばわかるものだ。ぼくの人生と受苦は、つねに護身の徴《しるし》である。
もしもご降臨の機あらば、主よ、武具で身を固めて来られよ。加うるに、十字架も
必ず携えて。

敵は、ユダヤ人でもトルコ人でもない。ここキリスト教徒の王国なのだ。（40―41頁）

おのずと明らかな内容である。おそらく革命決起を企てたが失敗して逮捕されたカンパネッラが、最終的な拷問の直後（一六〇一年夏）に詠んだと思われる。キリスト教の信徒たち（ローマ教会当局）が、往時の迫害者とそっくりの状態になっていると嘆じている。神の適切な配剤が必要なのである。

全八十九篇のなかより、1（序）から、3の長詩を抜きにして22までざっと紹介、検討してきたが、カンパネッラの詩には、力強い生命の気韻がみなぎっている。声高に変に訴える調子にもなっておらず、かといって渋味を帯びて老成しているわけでもない。一定の抑制と品格がある、と表現したらよいのであろうか――詠われる内容は暗くとも、読み手に勇気や活力、それに批判力を授けてくれる。その意味では多義的な詩編であることは論を俟《ま》たない。

獄中での執筆ということを考慮せずとも、充分に読者の胸に響きわたる底力を有している。こうした堅忍不抜《けんにんふばつ》の精神の持ち主に、改めて敬意を払い、最後に当詩集の掉尾を飾る、カンパネッラの情《おもい》を意気軒昂に謳いあげた「太陽に捧ぐ」を試訳して、『哲学詩集』の紹介、検討の結びとしたい。

89　Ⅲ　太陽に捧ぐ

春の陽光に、ぬくもりを求めて

門や出入り口の守護神ヤヌスはぼくを牢獄から出してはくれない。太陽神ポイポス（アポロン）は、ぼくの学び舎での教えの書であり戦いへの導き手でもある。牡羊座に太陽が宿るとき春が始まり、あらゆる生けるものたちは栄《は》えある高みにまで引きあげられ、あなたの陽気を肌身に感ずる。

秀逸なあなたは、森羅万象が秘めていた、冷感や瀕死の危難、それに気怠《けだる》さに活気を与えかつ気韻を賦与し、新たな祭りの準備をする。

ああ、何たることか！　他のひとと一緒にやはりぼくは活路を拓くのか、あるいは、あなたのいとおしい愛のように、神慮による力で息を吹き返すのか。

もしはじめに至高天におられる太陽に敬意を払うのなら、何よりもよいことは、暗黒でも冷凍でも、震撼の窮状に陥らなくてもすむことだ。

ぼくが出獄する、そのまた一方で、穏やかなあなたの光のおかげで根からおびただしい緑の葉が生えてくる。

樹々の幹には隠れた真実があり、花たけなわの頃、甘美な花粉を身にまとう。酷寒はひそやかに襲ってくるが、春の訪れとともに寒気は美しい液状へと化し、陽気のなかへとほとばしり大地が潤う。

定められた長いあいだの冬眠から目覚めたアナグマやヤマネ、それに極小のウジ虫に太陽は精気と動きを与える。

色のくすんだヘビが陽の光のもと、生き生きと動き出す。嫉妬深いひと、極貧のひとたちなど、あらゆる者たちに太陽の熱は効果がある。

五カ月のあいだ凍てついたアイルランドの空に、小鳥たちが舞いあがって飛んでゆく。

この世のすべての生きとし生けるものは、あなた、太陽の聖なる力がもたらしたものなのだ。ぼくの羨望の的であり、愛するあなたへの燃え立つ熱情でもある。

カンパネッラは運命の女神のいたずらか、かのガリレイと同時代人で、ガリレイが数学科教授となった北イタリアのパドヴァ大学で面識を得て親交を深めている。新しい近代自然科学の洗礼をパドヴァ大学の講義を受講して学ぶことになる。たった一年半の滞在だったが、その後の影響力を一考するに看過出来ない邂逅《かいこう》だったと言えよう。それ以前は郷里のカラブリアのテレジオやナポリのジャンバッティスタ・デッラ・ポルタなどの影響下にあって、汎感覚・汎神論的な自然魔術を信奉していた。「北の知」と「南の知」の両方を身に着けることになり、まず知覚や実験、それに観察を重要視し、ガリレイの『星界の報告』が異端として訴えられた際には『ガリレオの弁明』（拙訳、ちくま学芸文庫、二〇〇二年）を獄中から世に問うた。だが、彼の限界は望遠鏡を使用しての「観察知」は支持したが、地球をはじめとした全惑星の運行が「神慮」によるものだと主張して、これを撤回することがなかった点にあった。

近代科学と自然魔術の交錯した時代を自己主張を曲げることなく生き抜いたカンパネッラだが、相対的にみて、時代の潮流にすんなりと乗れなかった人物だというのが的を射ているだろう。

カンパネッラを軸に据えて、二つの作品と、彼の「立ち位置」を考察してみた。

『事物の感覚と魔術について』の第四巻の「魔術」を扱った箇所に、中世的局面と近代的側面の両方が吐露されており、彼がルネサンスの最後を飾り、近代のはじめを招いた、自身のなかに両義性を抱え込んだ人物であることがわかる。ある種の魔術を近代自然科学とみなし、いまだ不分明で学化されない魔術を魔法と述べている件《くだり》が証左であろう。『哲学詩集』にみなぎる活力と底深い憂《うれ》いも堪能出来たであろうか。

こうした立場こそが、「末期ルネサンス」を「近世、初期近代」と呼ぶ複数主義史観の根拠となろう。カンパネッラはまさにそれを体現した哲人だと言えると思う。

参考文献

（なるべく本文で提示した著訳書などは省いて、邦語、邦語訳、英語、伊語、その他から関心をそそると予想される図書を、各々五点ずつ掲げてある）

邦語

池上俊一『イタリア・ルネサンス再考——花の都とアルベルティ』講談社学術文庫、二〇〇七年
沓掛良彦『エラスムス——人文主義の王者』岩波現代全書、二〇一四年
澤井繁男『ルネサンスの文化と科学』山川出版社、二〇一七年
西本晃二『ルネッサンス史』東京大学出版会、二〇一五年
山本義隆『世界の見方の転換』全三巻、みすず書房、二〇一四年

邦語訳

カッシーラー、エルンスト（薗田担訳）『個と宇宙——ルネサンス精神史』名古屋大学出版会、一九九一年。（末吉孝州訳）『ルネサンス哲学における個と宇宙』太陽出版、一九九九年
カンポレージ、ピエーロ（中山悦子訳）『生命の汁』太陽出版、一九九一年
グィッチャルディーニ、フランチェスコ（永井三明訳）『フィレンツェ名門貴族の処世術〔リコルディ〕』

講談社学術文庫、一九九六年
サヴォナローラ、ジローラモ（須藤祐孝編訳）『ルネサンス・フィレンツェ統治論』無限社、一九九八年
ベック、クリスチャン（西本晃二訳）『メジチ家の世紀』白水社・文庫クセジュ、一九八〇年

英語（邦語訳のある書のみを掲げる）

Burke, Peter, *Culture and Society in Renaissance Italy: 1420-1540*, London, 1972〔バーク、ピーター（森田義之・柴野均訳）『イタリア・ルネサンスの文化と社会』岩波書店、一九九二年。新版二〇〇〇年〕
Brotton, Jerry, *The Renaissance*, Oxford, 2006〔ブロトン、ジェリー（高山芳樹訳）『はじめてわかるルネサンス』ちくま学芸文庫、二〇一三年〕
Eisenstein, E. L, *The Printing Revolution in Early Modern Europe*, Cambridge U. P., 1993〔アイゼンステイン、E・L（別宮貞徳監訳）『印刷革命』みすず書房、一九八七年〕
Pocock, John, G. A., *The Machiavellian Moment: Florentine Political Thought and Atlantic Republican Tradition*, Princeton U. P., 1975〔ポーコック、ジョン、G・A（田中秀夫他訳）『マキァヴェリアン・モーメント――フィレンツェの政治思想と大西洋圏の共和主義の伝統』名古屋大学出版会、二〇〇八年〕
Yates, Frances, *Giordano Bruno and The Hermetic Tradition*, Chicago, 1964〔イェイツ、フランセス（前野佳彦訳）『ジョルダーノ・ブルーノとヘルメス教の伝統』工作舎、二〇一〇年〕

伊語（邦語訳のある書のみを掲げる）

Chastel, *Andre, Arte e umanesimo a Firenze al tempo di Lorenzo il Magnifico*, Torino, 1964〔シャステル、アンドレ（桂芳樹訳）『ルネサンス精神の深層――フィチーノと芸術』平凡社、一九八九年〕

Hay, Denys, *Profilo storico del Rinascimento italiano*, Firenze, 1966〔ヘイ、デニス（鳥越輝昭・木宮直仁訳）『イタリア・ルネサンスへの招待――その歴史的背景』大修館書店、一九八九年〕

Garin, Eugenio, *La cultura del Rinascimento*, Firenze, 1967〔ガレン、エウジェーニオ（澤井繁男訳）『ルネサンス文化史――ある史的肖像』平凡社ライブラリー、二〇一一年〕

Panofsky, Erwin, *La prospettiva come «Forma Simbolica»*, Milano, 1961〔パノフスキー、エルヴィン（木田元・川戸れい子・上村清雄訳）『〈象徴《シンボル》形式〉としての遠近法』哲学書房、二〇〇三年〕

Rossi, Paolo, *I Filosofi e le macchine (1400-1700)*, Milano, 1962〔ロッシ、パオロ（伊藤和行訳）『哲学者と機械――近代初期における科学・技術・哲学』学術書房、一九八九年〕

その他

池上俊一監修『原典　イタリア・ルネサンス人文主義』、名古屋大学出版会、二〇一〇年

池上俊一監修『原典　ルネサンス自然学』上下、名古屋大学出版会、二〇一七年

あとがきにかえて

ジャック・ル＝ゴフ（菅沼潤訳）『時代区分は本当に必要か？——連続性と不連続性を再考する』（藤原書店、二〇一六年）を読む

右記の本は、一九二四年に生まれ二〇一四年九十歳で世を去った、フランス・アナール学派第三世代の碩学《せきがく》の絶筆と称してもよい書物である。簡潔で透明感あふれる文体が明晰な訳文から伝わってくる。衒学的な姿勢はいっさいなく、「時代区分」に関心がある者でもない者でも一気呵成に読み終えることが出来よう。それほど構成にも充分目配りをして著者の「歴史」にかんする知見に満ちている。おそらく四百字詰め原稿用紙で三百枚以内の小著であろう。

筆者も「序章・1」で「時代区分」を扱ったけれども、それが「ルネサンス文化」に特化したものであったのにたいして、当該書は近現代まで視野に入れた長い時代を扱っている。しかし、テーマにはやはり、中世とルネサンスへの拘泥が潜在している、と読み進んで行くうちにわかってくる。

目次を列挙してみる――「はじめに、序論、古い時代区分、中世の出現、歴史・教育・時代、ルネサンスの誕生、今日からみたルネサンス、中世は「闇の時代」か？　長い中世、おわりに」――以上だ。

ル＝ゴフは、歴史には断絶がない、というテーゼのもとに持論を展開していくのだが、転換点は存在している、と言明する。そのターニングポイントがルネサンス期なのだが、それを呑み込んで滔々と流れる、悠久な歴史があったと述べる――中世がそれに当たり、後三、四世紀から十八世紀中葉までが相当するという。それを目次にあった「長い中世」で委曲を尽くして論じている。

そして十九世紀にミシュレによって発見されブルクハルトが発展させて既成概念となった、ルネサンスと中世の問題へのこだわりを「存分に」みせつける叙述が始まる。ここからル＝ゴフは、「時代区分」という人間の意識的所作に立ち入って、それが「時間をわがものとする」人間の複雑な行為だとみなし、「主観性と、なるべく多くのひとに受け入れられる結果を生み出そうとする努力とが、同時に込められて」いて、「たいへん面白い歴史の研究対象である」と述べている。つまり「時代区分」が歴史研究の一分野である、ということだ。その例として、私には大胆な指摘だと思われるが、「歴史家にとって十八世紀は一七一五年（ルイ十四世逝去の年）に始まり、二十世紀は一九一四年（第一次世界大戦える見解を投じている。近現代史に詳しい方々はこれをどう捉えるだろうか。

これに則って「ルネサンス」という用語を考察してみると、この「時代 periodo」を、ひとつあるいは複数の「世紀 secolo」に一致させようというもくろみがみえてくる。だが、ル＝ゴフは読者に向けて「世紀という言葉が「百年で区切られた時代」という意味で顕われるのは、十六世紀のことにすぎない」と注意している。それ以前は「ペリクレスの世」とか「カエサルの世」とか呼ばれていた。だから前記のように「ルネサンス」を「ルネサンス時代」としようが「ルネサンスの世紀」としようが便宜的な呼称にしかすぎない。ここにもうひとつ、epoca の訳語である「期」や età の訳語である「年代」に留意すると、日本での歴史用語である「ルネサンス期」という呼び方が成立する。

「時代」、「世紀」、「年代」、「期」といった名称は「時代区分」の際に、対象たるその数十年間、あるいは数百年間の社会的・政治的・経済的な諸相によって適切なものを選択出来ることになる。そのなかで、「時代」を意味する periodo は、循環を意味するギリシア語から来ていて、十四世から十八世紀までの間に、「期間」や「年代」の意味を帯び、二十世紀になって、「時代区分 periodizzazione」となった。

「時代区分」の設定という行為は人間が時間に働きかけるものゆえに、よもや中立ではあり得ない。こうしたことを踏まえて、ル＝ゴフは当該書の目的を次のように吐露する──「私の目的は、時代区分が西洋の知識と社会的・知的実践とに何をもたらしたかを示すことである」と。

それから、ル＝ゴフは古代の「時代区分」の代表例として、「ダニエルの四つの区分」と「アウグスティヌスの六つの区分」を挙げる。この二例は知識として興味深いものだが、私たちは、中世とルネサンスについての論述に進むことにしよう。「中世」という呼称を最初に用いたのは、「序章」でも触れたようにペトラルカだ。ペトラルカに続く知識人たちは、みな新規の道徳と価値観を体現していると実感し、人文主義者（人間主義者）を名乗った。これは人間そのものの探究ではなく、ルネサンスの教養人は「人間性」という知識の涵養を主眼とした。つまり古代ギリシア・ローマの偉大な思想家や作家についての教養をわがものにすることを意味した。

ル＝ゴフは、「長い中世の存在を示し、ルネサンスが特別な時代ではないこと」を明示したいと再三述べている。ルネサンスが中世の末期に花咲いた春の時代だとも述べている。ここに「時代区分」の片鱗が見受けられる。当該書の表題である『時代区分は本当に必要か？』の回答として、「必要でなくてもおのずと人間が定めてしまう」という解が顔をのぞかせる。

ミシュレ、ブルクハルト、クリステラー、ガレン、パノフスキー、ドリュモーといったルネサンス文化の研究者に言及している頁もあれば、飢饉や疫病を扱った箇所、それに「百科全書」派にも筆は及んでいて、私たちはこの大家の見識の豊かさに存分に触れることが出来る。

そのなかでいちばん興味深いのは、「歴史」が独立した「教育・学問」として位置づけられるまでをたどった叙述である。「歴史・教育・時代」と名づけられた章の冒頭でこう記している――「時代区分によって、歴史家はひとつの時間観を形にするとともに、過去についてのある連続した包括的なイメージを明らかにする。このイメージこそ最終的に「歴史」と呼ばれるようになったものにほかならない」と。そして、西洋の歴史は、本書の「序章」でも言及したが、ヘロドトスを祖とするギリシア思想（ヘレニズムの文化）と、聖書やユダヤ＝キリスト教思想（ヘブライズムの文化）の系統の二つに分かれるという。その知が特殊な教えとなり、次に教育科目となる。特別な知の代表格が「年代記」で、「年代記作者」が登場する。彼らが十七世紀にあって、研究方法から歴史資料の認定、取り扱い方まで探究し、歴史という学知の変化のなかで中心となって活躍した。史実を介して真実の追究が秩序立って行なわれる。ここに「時代区分」が芽吹くことになる。その「時代区分」を歴史が受容出来るためには、教育という段階を踏まなくてはならなかった。

歴史教育の誕生である。専門家たちによる原資料の継続的な編纂作業が始まることとなる。その次の段階は、大学で歴史講座が創設されることだ。

イタリアの例を挙げてみよう。ピサ大学が一六七三年に教会史講座を、パヴィア大学が一七七三年に歴史・弁論術講座を新設しているが、単独の歴史講座ではないことが残念である。修辞学や教会関連と一緒になっている。法学で著名なかのボローニャ大学でも設置されていない。最初の近代史講座が設けられたのはトリノ大学で、一八四七年のことだった（ル＝ゴフが中世の終焉を十八世紀半ばとしたのは、歴史学が大学講座に設けられた年代と関係しているのかもしれない）。

歴史を発見したのは十四世紀のペトラルカだったが、それが「時代区分」として研究対象に欠かせないものとなるのは右に述べたように、大学で講座（教育科目）となった十八、十九世紀を待たねばならなかった。歴史学が近年の学問であることが理解出来よう。

ル＝ゴフは、おそらくこの歴史教育の創立までを念頭に置いて、他の経済や政治体制ともども勘案しながら、それまでを「長い中世」と断じ、そのなかでの「小時代」をルネサンス期とみなしているように思える。それは転換期であり、意義はあるがさして重要ではない。というのも、「ルネサンス（イタリア語で、リナシメント rinascimento）」という「再生」を意味するこの術語は、新規なものを感じさせる「ナシメント（生）nascimento」と、黄金時代への回帰、過去との類似関係を示唆する「リ（再）ri」との組み合わせであり、「循環の時間」の域を出なかったからだ。そうした時間は歴史の事象のなかでいかなる客観的理論をも生み出せなかった（一年を周期とする円環的時間を示し、よりいっそう長期的な時間設定には不向きだったことによる）。

「時間の概念」は「循環の時間」をのぞいたその他の時間概念で合理化・解釈されて「歴史」となったのである。「連続性・不連続性」というサブタイトルの二つの立場のうち、ル＝ゴフの立場が前者であるのは言うまでもない。しかしこの二つの概念がもたらす「論争」におそらく決着はつかないだろう。筆者のように「複数主義史観」なるものを打ち立てる者までいる限り、歴史学の魅力を彩る要素のひとつだと考えられる。

さらにここでは言及しなかったが、当該書には「グローバル化」についての卓見も披露されている。ル＝ゴフの豊かな知見に出会うことが出来るのは請け合いである。

なお、文中の横文字は、当該書ではフランス語であるが、筆者の専門語学であるイタリア語に置き換えて記したことを断っておく。

よく間違えられるのだが、私は歴史学（西洋史）や西洋思想（史）や哲学（史）、あるいは美学（美術史）を専攻した者ではない。出自はイタリア文学・文化である。つまり、文学畑の出なのである。文化史でなく文化論である。

ところがルネサンスの文学なり文化なりを研究すると、その時代の人物がたいてい脱領域的な知の世界を自由に往来するものだから、当方も跡を追っていろいろな分野に手を染めることになってしまう。そしてそういう自分にはたと気づいたとき〈境界〉にかんしてわだかまりを抱いてしまう。べつに境界にこだわることなく、自在に考察を広め深化させればよいのだが、そうも言っていられない心境に陥る。

本書を書く動機になったのも、その「わだかまり」ゆえである。

これは私が札幌市の中心街、時計台の鐘の音とともに生まれ育ったことが起因となっているに違いない。同じ地区にいた友人・兄弟が郊外に転居して、そこへ毎週日曜日に遊びに行った経験が深く影響していると思う。

兄弟の引っ越し先は、上手《かみて》稲《いね》と呼ばれる、まだ原生林が残存している地域だった。いまから半世紀まえの、人口六十余万の札幌市の中心部には、それでも高層ビルが林立していた。道路は一部を除いてすべてアスファルトだった。そうした近代的な街からバスに揺られて上手稲に向かう途中、どこからか窓外の風景が少しずつ原生林へと変わってゆく。街から郊外に入ったのである。琴似《ことに》や発寒《はっさむ》地区だったからか。

歴然として、〈境界〉らしきものが存在した。それを子供心にも感じていた——あくまで感知の段階で認識や認知ではなかったけれども。

その意識がルネサンス期の作品を考える際の淵源となった。『イル・ノヴェッリーノ』と、カンパネッラの作品が、両端の対象となった。そして本書の成立をみたわけである。「まえがき」でも触れたように、加えて図らずも、その両極が大学院生の頃から研究の対象としてきた私の専門領域だった。したがって「新書」の形態をとっているにせよ、私にとっては貴重な一書である。

今後の課題として、『イル・ノヴェッリーノ』と、『哲学詩集』、ないし『事物の感覚と魔術について』の翻訳を刊行したい、と願っている。

「術」と「学」にも同じようなことが言える。これは錬金術の本を執筆したおかげである。錬金術を出来るだけ合理化して書いてみた結果、学とはどういうものか、に思い至った。「サイエンス」が「学知」、「客観知」から時を経て「科学」と意味に変化を来《きた》すのと等しい感覚を持った。自然魔術との関係も考慮しなくてはならなかった。どこかで顧みる必要に迫られた。本書にはその整理整頓の意味も加味されている。

そうした含みもあって、自分の依拠する立場が「複数主義史観」を標榜するに及んだわけである。

「複数主義」や「複数主義史観」で論じた本書であるが、内実が明白に読み手の方々に伝わればこの上ない幸せである。なお、旧著の一部や過日の論考を、加筆・修正して掲載した箇所（第二章）もあるが、全体的には新著の体裁となったことをお断りしておく。本文中のフランス語の発音には関西大学の同僚柏木治氏のご助言を得たこと、また学生時代からの畏友菅原克也氏著『小説のしくみ』（東京大学出版会、二〇一七年）から学ぶことが多かったことは幸いだった。お二人に感謝したい。

最後になったが、拙稿を「新書」というかたちに見合うよう適宜に「整地」し直し、適切なご指摘を賜った、平凡社新書編集部の保科孝夫氏に厚く御礼申しあげる。

二〇一七年　霜降

北摂にて　澤井繁男

【著者】
澤井繁男（さわい しげお）
1954年、札幌市生まれ。京都大学大学院文学研究科博士課程修了。現在、関西大学文学部教授。専攻、イタリアルネサンス文学・文化。著書に、『魔術と錬金術』（ちくま学芸文庫）、『イタリア・ルネサンス』（講談社現代新書）、『魔術師たちのルネサンス』（青土社）、『評伝 カンパネッラ』（人文書院）、訳書に、『カルダーノ自伝』（共訳）、E.ガレン『ルネサンス文化史』（いずれも平凡社ライブラリー）などがある。

平凡社新書859

ルネサンス再入門
複数形の文化

発行日――2017年11月15日 初版第1刷

著者――澤井繁男
発行者――下中美都
発行所――株式会社平凡社
東京都千代田区神田神保町3-29 〒101-0051
電話 東京（03）3230-6580［編集］
東京（03）3230-6573［営業］
振替 00180-0-29639
印刷・製本―図書印刷株式会社
装幀――菊地信義

ISBN978-4-582-85859-4
NDC 分類番号230.51 新書判（17.2cm） 総ページ264
平凡社ホームページ http://www.heibonsha.co.jp/

落丁・乱丁本のお取り替えは小社読者サービス係まで
直接お送りください（送料は小社で負担いたします）。